Nuevo

¡Bravo, bravo!

VIAJES - WORKBOOK

Nombre y apellido _____

Dirección _____

Teléfono _____

Escuela _____

Maestra o maestro _____

Santillana USA

Viajes Workbook
ISBN 10: 1-59437-345-0
ISBN 13: 978-1-59437-345-9

Illustrations: Douglas Wright
Design and Layout: Alejandra Mosconi and Cristina Hiraldo

Cover Design: Noreen T. Shimano

Santillana USA Publishing Company, Inc.
2105 NW 86th Avenue, Miami, FL 33122

Published in the United States of America.

Printed in USA by HCI Printing and Publishing, Inc.

10 09 08   5 6 7 8 9 10

www.santillanausa.com

Our mission is to make learning and teaching English and Spanish an
experience that is motivating, enriching, and effective for both
teachers and students. Our goal is to satisfy the diverse needs of our
customers. By involving authors, editors, teachers and students, we
produce innovative and pedagogically sound materials that make use
of the latest technological advances. We help to develop people's
creativity. We bring ideas and imagination into education.

Contenido

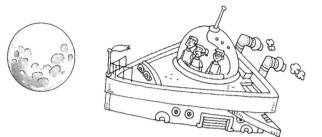

Nos conocemos

¡Bienvenidos a clase!

A. Escribe *Sí* o *No* al lado de las actividades que ocurrieron en el salón del Sr. Gómez, si en tu primer día de clases también pueden ocurrir.

1. El Sr. Gómez se presentó a los alumnos.   No

2. El Sr. Gómez les pidió a los alumnos que dijeran su nombre.   No

3. Hay estudiantes de otros países en la clase.   Sí

4. En la clase hay una niña mexicoamericana.   Sí

5. Algunos estudiantes hicieron preguntas.   Sí

6. El Sr. Gómez no es norteamericano.   No

B. Ahora escribe algo que pasó en tu primer día de clase de español que no pasó en la clase del Sr. Gómez.

Sra. Mallot no pasó la lista.
Tomamos chocolate caldo. Aprendimos
las rutinas del salon de clase

Los pronombres personales

A. En las siguientes oraciones, cambia las palabras subrayadas por pronombres personales.

yo	nosotros
tú	ustedes
él	ellos

1. <u>Marta, Juan y Francisco</u> son de Colombia.

   ellos

2. <u>Mis amigos y yo</u> somos buenos estudiantes.

   nosotros

3. <u>Tú y tu hermana</u> son personas muy amables.

   ustedes

4. <u>Cristina y Victoria</u> son dos nuevas alumnas en mi escuela.

   ellas

5. —¿Conoces a Rafael? —Sí, <u>Rafael</u> es mi primo.

   el

6. —¿Dónde está la maestra? —<u>La maestra</u> está en su salón de clase.

   ella

7. —¿Juegas al baloncesto con tus hermanos? —<u>Mis hermanos y yo</u> jugamos todos los días.

   nosotros

B. Escribe el pronombre personal que corresponda a cada verbo en las siguientes oraciones:

Somos mexicanos.

   nosotros

Es mi mamá.

   ella

Es el hijo de mi tío.

   el

Tengo una hermana y un hermano.

   yo

Eres de Nueva York.

   tú

El verbo *ser;* el artículo y el género

A. Toma la información de los dibujos y escribe oraciones completas.

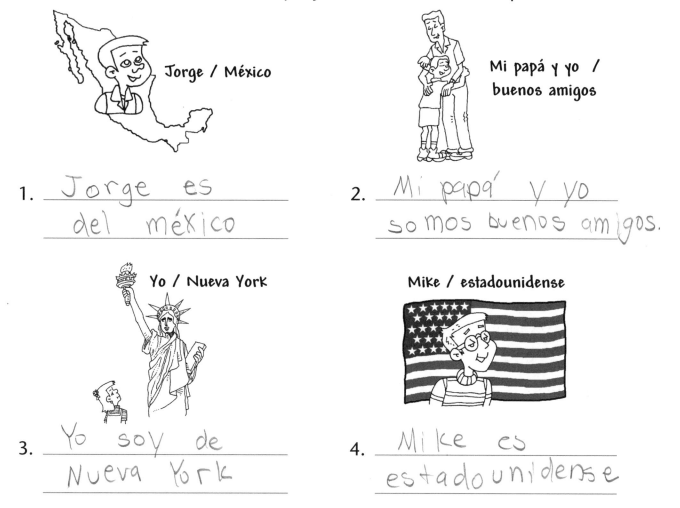

Jorge / México

Mi papá y yo / buenos amigos

1. Jorge es del méxico

2. Mi papá y yo somos buenos amigos.

Yo / Nueva York

Mike / estadounidense

3. Yo soy de Nueva York

4. Mike es estadounidense

B. Completa las siguientes oraciones con el artículo correspondiente, según su equivalente en inglés entre paréntesis.

1. Me gusta *(the)* __la__ clase del Sr. Gómez.

2. Vivo en *(a)* __una__ casa muy bonita.

3. Carlos es *(a)* __un__ buen compañero de clase.

4. El maestro escribe en *(the)* __el__ pizarrón.

5. En esta clase necesitamos *(a)* __un__ libro grande.

6. Hacemos *(the)* __la__ tarea en casa.

¿Quiénes son los hispanos?

A. Investiga un poco. Escoge la opción que te parezca más lógica. Si necesitas ayuda, pregunta a estudiantes de quinto grado, consulta la Internet o un mapa de los Estados Unidos.

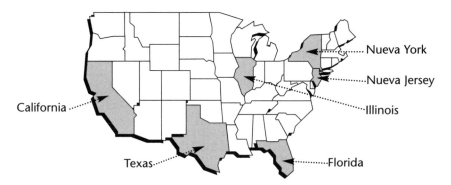

1. Hay más gente del Caribe en la costa este de los Estados Unidos porque...

   ☑ está más cerca de sus países.

   ☐ es más fácil encontrar trabajo allí.

2. Hay más hispanos en California, Texas, Nueva York, Illinois, Nueva Jersey y Florida porque son los estados...

   ☑ con más población.

   ☐ más bonitos.

3. Esta lectura dice que los hispanos y los latinos...

   ☑ son las mismas personas.

   ☑ hablan español pero tienen culturas muy diferentes.

B. ¿De qué países son algunas personas que tú conoces? Escribe los nombres aquí.

Colombia, espania

C. Da ejemplos de la presencia hispana en los Estados Unidos, de acuerdo con las siguientes categorías. Consulta la Internet o mapas.

1. Tres ciudades con nombres españoles.

   _____

   _____

   _____

2. Tres calles o avenidas en tu ciudad con nombres españoles.

   _____

   _____

   _____

3. Tres personas famosas de origen hispano.

   _____

   _____

   _____

4. Tres tipos de comida hispana muy populares.

   _____

   _____

   _____

D. Escribe acerca de la presencia de estudiantes y maestros hispanos en tu escuela. ¿De dónde es la mayoría? ¿Tienen celebraciones o eventos especiales sobre la cultura hispana?

_____

_____

_____

¿Qué aprendiste?

A. Usa los siguientes fragmentos para escribir oraciones completas. Los que contengan dos o más palabras deben reducirse a una sola palabra. También, agrega la forma correcta del verbo ser.

Ejemplo: equipo / entrenador / del / el / Mi / hermano de mi padre
Mi tío es el entrenador del equipo.

1. señora / madre de mi padre / mayor / una / Mi

_____

2. estudiante / grado / de / Yo / cuarto / un

_____

3. Chicago / de / Mis / los hijos de mi tío

_____

4. maestra / La / mi / mamá de mi primo

_____

B. Escribe oraciones completas para decir el origen de estas personas:

1. Mi maestro / Puerto Rico

_____

2. Mis padres / España

_____

3. Yo / Chicago

_____

Estudiar y jugar

Un anuncio importante

A. En la historieta el Sr. Gómez escoge a cinco estudiantes para hacer un viaje. ¿Quiénes son los cinco? Escribe sus nombres.

B. Conecta a cada estudiante seleccionado con la razón del Sr. Gómez para viajar con él.

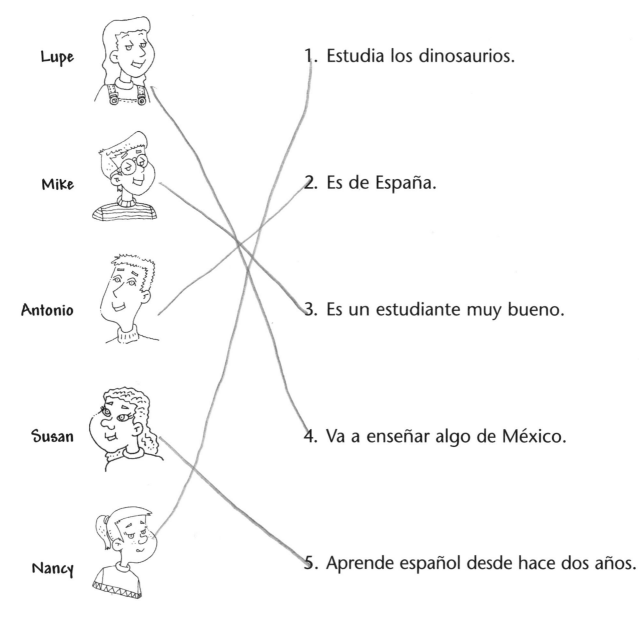

Lupe

Mike

Antonio

Susan

Nancy

1. Estudia los dinosaurios.

2. Es de España.

3. Es un estudiante muy bueno.

4. Va a enseñar algo de México.

5. Aprende español desde hace dos años.

Palabras semejantes

A. Decide si las palabras destacadas son cognados o cognados falsos, según el contexto. Luego colorea la lombriz: verde si es cognado, rojo si es cognado falso.

1. El **atún** y el **melón** son frutas.

2. El **piano** es un **instrumento musical**.

3. No hablo del **plan**. Es **secreto**.

4. ¡Ay, qué **dolor** de cabeza!

5. ¡**Éxito** en tus **estudios**!

6. ¿Usas **uniforme** en la escuela?

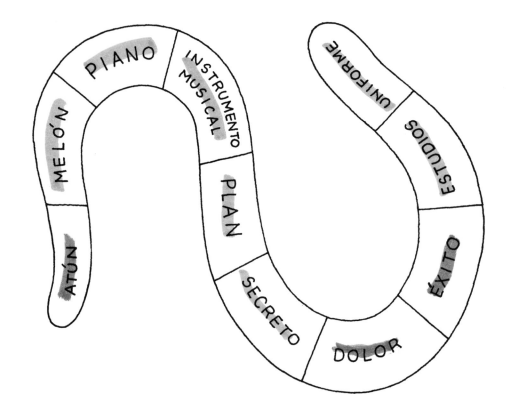

Verbos del grupo –ar; el verbo *jugar*

A. Escoge el verbo apropiado para cada oración. Completa la oración con la forma correcta del verbo que escogiste.

caminar	estudiar	hablar
jugar	mirar	ayudar

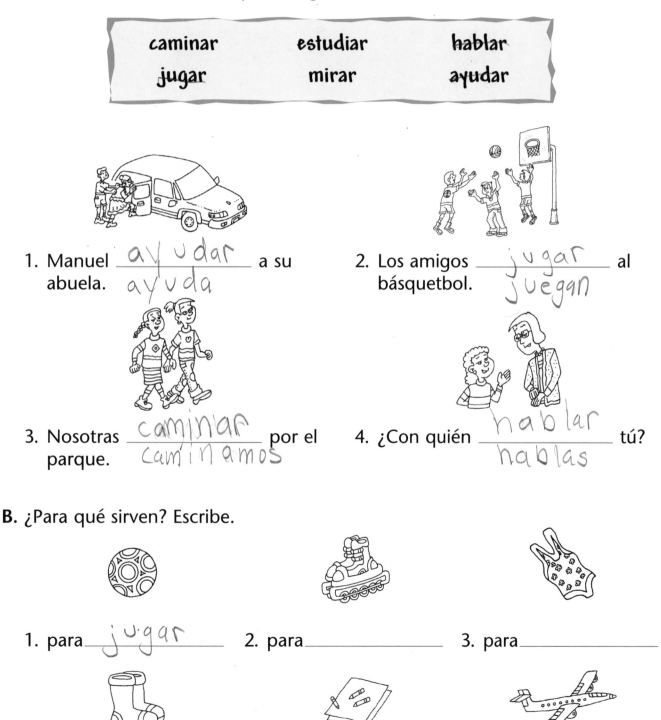

1. Manuel _ayudar_ a su abuela. _ayuda_

2. Los amigos _jugar_ al básquetbol. _juegan_

3. Nosotras _caminar_ por el parque. _caminamos_

4. ¿Con quién _hablar_ tú? _hablas_

B. ¿Para qué sirven? Escribe.

1. para _jugar_

2. para_____

3. para_____

4. para_____

5. para_____

6. para_____

Juegos tradicionales

A. Completa el esquema con información de la lectura. Escribe las características de cada juego. Luego dibuja un ejemplo de cada uno. Puedes compartir la tarea con un compañero o compañera.

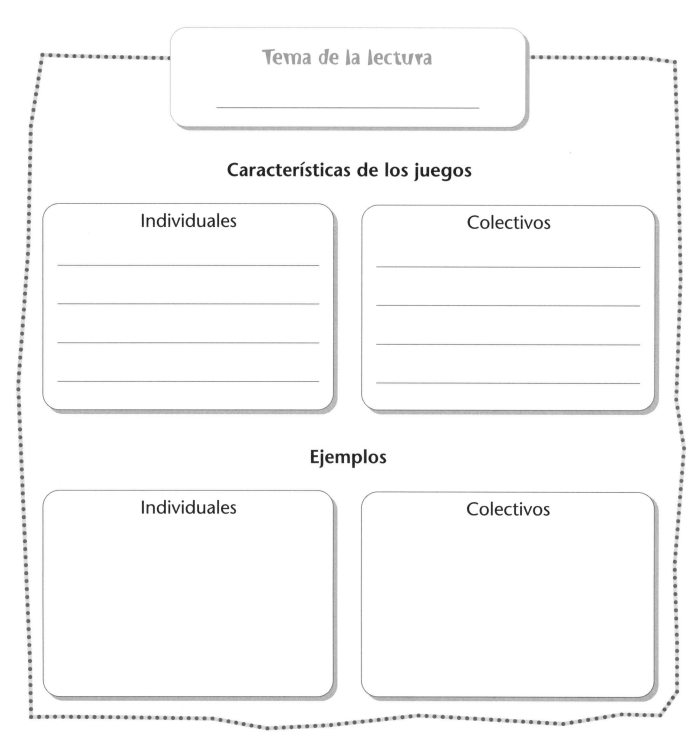

Tema de la lectura

_____

Características de los juegos

Individuales

_____

_____

_____

_____

Colectivos

_____

_____

_____

_____

Ejemplos

Individuales

Colectivos

B. ¿Son juegos colectivos o individuales? Copia el nombre del juego en la columna apropiada. Puedes copiar el mismo juego en ambas columnas si crees que lo puedes jugar solo o en grupo.

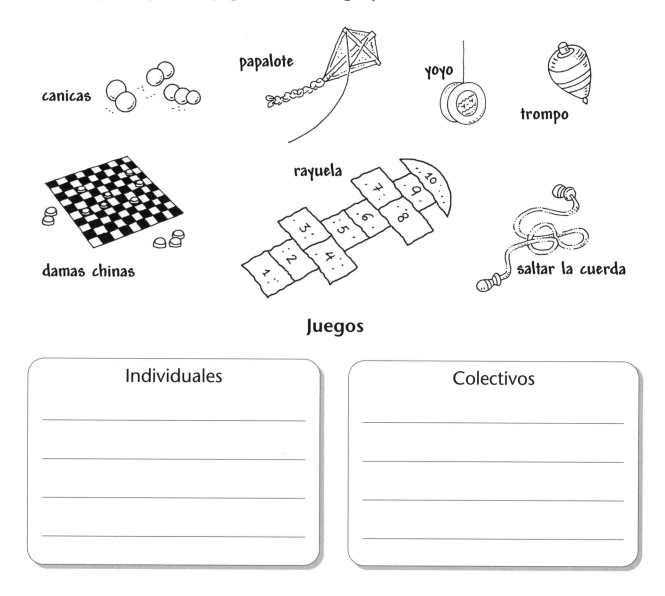

canicas

papalote

yoyo

trompo

damas chinas

rayuela

saltar la cuerda

Juegos

Individuales	Colectivos
_____	_____
_____	_____
_____	_____
_____	_____

C. Contesta.

¿Qué juegos te gustan?

Me gustan _____

_____

¿Qué aprendiste?

A. Marca si puedes o no.

	Sí	No
1. Caminar como un mono.	☐	☐
2. Dibujar.	☐	☐
3. Nadar a la escuela.	☐	☐
4. Patinar en el salón de clase.	☐	☐
5. Jugar al tenis.	☐	☐
6. Hablar español.	☐	☐

B. Busca el nombre de tres deportes y tres juguetes tradicionales. Cópialos.

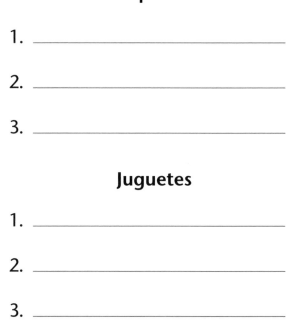

I	O	L	M	T	H	Y	A	C	A	Ñ
S	N	T	O	B	A	O	I	A	D	T
E	L	U	H	É	G	Y	O	N	U	R
V	Ó	L	E	I	B	O	L	I	K	O
A	Ñ	T	Y	S	F	U	L	C	V	M
X	Ñ	C	U	B	E	Z	J	A	F	P
I	B	A	L	O	N	C	E	S	T	O
A	N	T	T	L	E	T	U	P	L	A
E	X	Z	O	M	P	U	Y	V	N	S

Deportes

1. _____

2. _____

3. _____

Juguetes

1. _____

2. _____

3. _____

La familia

En casa de Mike

A. Escribe a qué personaje de la historia, la madre, el padre, Anita, Mike o Rocket, se refiere cada una de las siguientes oraciones:

1. Está en la ventana de la casa esperando que llegue Mike de la escuela.

   _____

2. Dice que Anita es muy pequeña. _____

3. Tiene que ir a la cocina porque allí está el pan con ajo. _____

4. Dice que papá no ha llegado porque está en el trabajo. _____

5. Va a ayudar en la cocina pero ahora tiene que llamar a un amigo.

   _____

6. Necesita ayuda porque está muy cansado. _____

7. Irá de viaje cuando sea mayor. _____

B. Subraya la palabra o frase que mejor complete cada oración.

1. Mike tiene un disgusto porque (su papá no está en casa todavía) (Anita también quiere ir a la gira).

2. Los padres de Mike están muy (cansados) (orgullosos) de su hijo.

3. Al llegar a casa, Mike está muy (contento) (cansado).

4. Anita está (feliz) (triste) porque no va de viaje.

5. La mamá de Mike quiere saber (por qué discuten los hermanos) (adónde va Mike en su gira).

La familia y los números

A. En las siguientes oraciones, deletrea el número que aparece entre paréntesis. Usa los cuadrados para escribir cada letra. Luego colorea los cuadrados de acuerdo con el siguiente código:

Del 1 al 7 ⟶ amarillo   Del 17 al 23 ⟶ azul claro

Del 8 al 16 ⟶ rosado   Del 24 al 31 ⟶ verde claro

1. Mi cumpleaños es el (17) de agosto. ☐☐☐☐☐☐☐☐☐☐

2. La maestra tiene (26) años. ☐☐☐☐☐☐☐☐☐

3. Hay (22) alumnos en mi clase. ☐☐☐☐☐☐☐☐

4. Mi hermanita tiene (6) años. ☐☐☐☐

5. Los días que tiene el mes de enero son (31).

☐☐☐☐☐☐☐ ☐ ☐☐☐

6. En un año hay (12) meses. ☐☐☐☐

7. Para ganarme un premio tengo que leer (10) libros. ☐☐☐☐

B. Completa las siguientes oraciones con la palabra correspondiente de la columna de la derecha.

1. Mi hermana es la _____ de mis abuelos.   tíos

2. Los hermanos de mi madre son mis _____.   hijos

3. Los hijos de mi tía son mis _____.   nieta

4. Mis tíos son _____ de mis abuelos.   primos

Los verbos *ser* y *estar*

A. Escoge entre los verbos *ser* y *estar,* y escribe su forma correcta para completar las siguientes oraciones.

1. Ana _____ de Texas.

2. ¡Hola, señor Rojas! ¿Cómo _____ Ud.?

3. Rocket _____ en la ventana esperando a Mike.

4. Mike _____ el hermano mayor de Anita.

5. Los padres de Mike _____ muy orgullosos de su hijo.

6. Su madre dice que Anita _____ muy inteligente.

B. Anita está escuchando una conversación telefónica entre Mike y Antonio. Utiliza las respuestas de Mike para saber qué le está preguntando su amigo. Escribe las preguntas en los espacios.

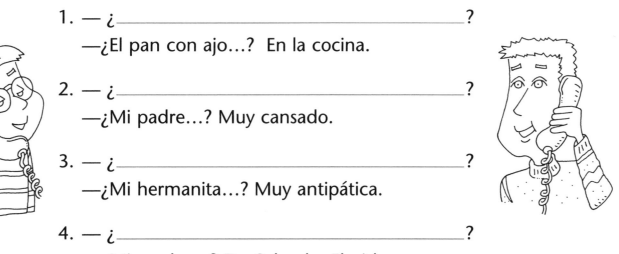

1. — ¿_____?
   —¿El pan con ajo…? En la cocina.

2. — ¿_____?
   —¿Mi padre…? Muy cansado.

3. — ¿_____?
   —¿Mi hermanita…? Muy antipática.

4. — ¿_____?
   —¿Mi madre…? De Orlando, Florida.

La familia

A. Completa en el espacio indicado los miembros de cada familia, según la ilustración.

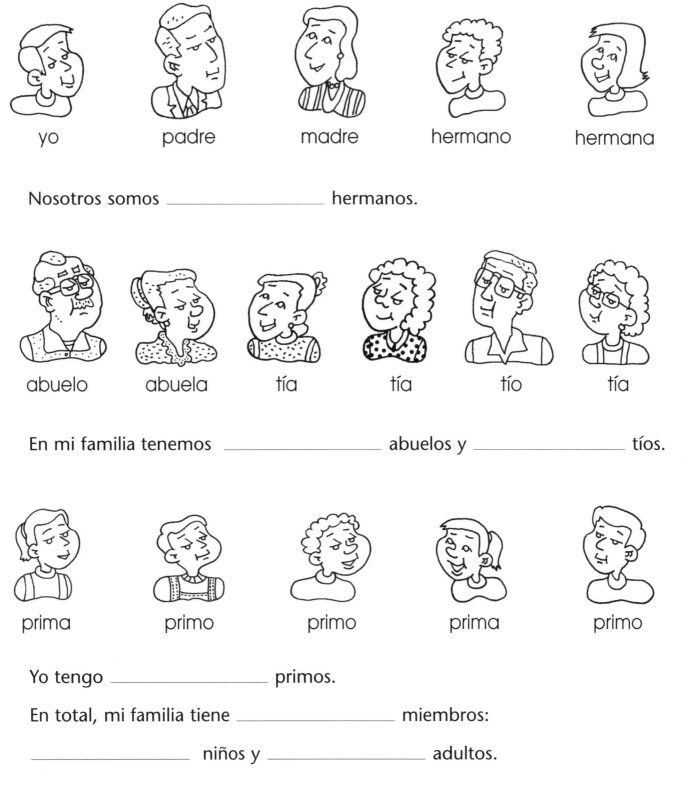

yo   padre   madre   hermano   hermana

Nosotros somos _____ hermanos.

abuelo   abuela   tía   tía   tío   tía

En mi familia tenemos _____ abuelos y _____ tíos.

prima   primo   primo   prima   primo

Yo tengo _____ primos.

En total, mi familia tiene _____ miembros:

_____ niños y _____ adultos.

B. Usa la información de la tabla que hiciste en la página 33 del texto o haz una tabla similar, para dibujar tu propio árbol genealógico. Si lo deseas, usa fotografías y escribe el nombre de cada persona.

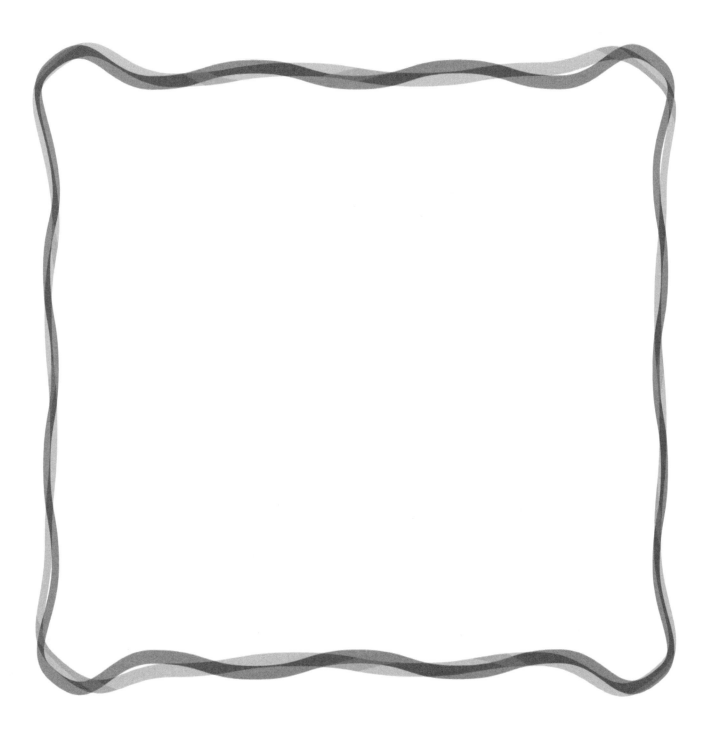

¿Qué aprendiste?

A. Usa los siguientes fragmentos para escribir oraciones completas. Los que contengan dos o más palabras o números, deben reducirse a una sola palabra. También, agrega la forma correcta del verbo *ser* o *estar*.

Ejemplo: cuarto / en / Mi / grado / hija de mi madre
Mi hermana está en cuarto grado.

1. más / quince / que / 24 menos 7

_____

2. la / en / la hija y el otro hijo de mis padres / Mis / escuela

_____

3. cariñosa / muy / Mi / mamá de mi primo

_____

4. en mi salón / los hijos de mi tío / Mis

_____

B. Haz las operaciones numéricas de la columna de la izquierda y une el resultado con la palabra correspondiente de la columna de la derecha.

20 – 16	ocho
9 x 2	once
13+14	treinta y uno
8 + 3	quince
17 + 14	veintisiete
27 – 12	dieciocho
24 ÷ 3	cuatro

Los medios de transporte

El regalo del planeta Rueda

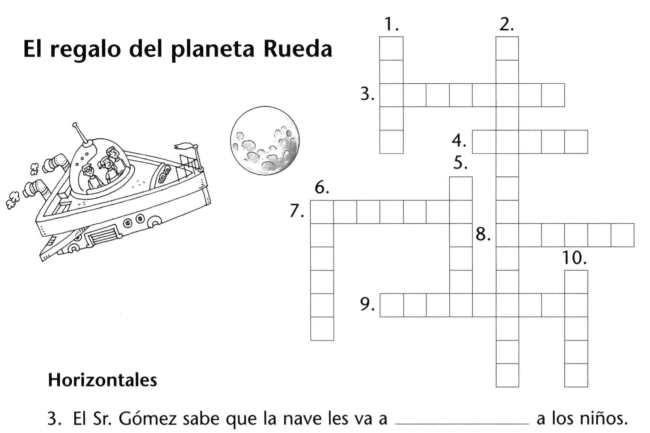

Horizontales

3. El Sr. Gómez sabe que la nave les va a _____ a los niños.

4. En el mar, Aitimar navega como un _____.

7. En Rueda, Felipe _____ a manejar la nave.

8. Aitimar es un _____ del planeta Rueda.

9. Algunos niños quieren darle a la nave un nombre_____.

Verticales

1. Planeta de donde llegó la nave.

2. Posiblemente, el micrófono es para hablar con ellos.

5. Niño amigo de los habitantes de Rueda.

6. Acompañó a su nieto.

10. La sílaba "Ai" en Aitimar quiere decir que la nave puede _____ por el aire.

Los transportes

A. La nave Aitimar viaja en tres elementos, pero por lo general los medios de transporte sólo viajan en uno. Escribe en cada columna el tipo de vehículo de acuerdo con el elemento en que viaja.

Aéreo	Terrestre	Acuático
avión	bicicleta	lancha
_____	_____	_____
_____	_____	_____
_____	_____	_____

B. Completa las palabras en las siguientes oraciones con la letra *b* o *v*.

1. La __aca produce una leche __lanca y con __itaminas.

2. El __anco es un edificio __iejo.

3. En el __osque __uela un a __e __onita a toda

   __elocidad.

El verbo *ir*

A. Escribe adónde van estas personas. Completa la oración con la forma correcta del verbo *ir*.

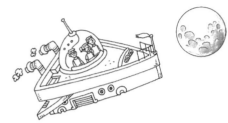

1. Los niños _____ a la luna en Aitimar.

2. Yo _____ a mi casa después de la escuela.

3. Nosotros _____ a la playa los domingos.

4. Elena _____ al parque con su abuelo.

B. ¿Qué van a hacer estas personas? Completa estas oraciones con la forma correcta de *ir a* + verbo.

comer	jugar
dormir	hacer

1. Mike _____ porque está cansado.

2. Yo _____ baloncesto con mis amigos.

3. Nosotros _____ en un restaurante esta noche.

4. Carmencita _____ su tarea antes de mirar la televisión.

Los medios de transporte

A. En un carro podemos ir a la escuela y lugares cercanos. Escoge tres medios de transporte y escribe adónde se puede ir en ellos. Haz un dibujo o pega una foto de cada medio escogido.

B. Elige del recuadro el nombre del inventor que corresponde con cada una de las siguientes fechas o invenciones.

Wright	Benz	Peral

1. Submarino _____

2. 1885 _____

3. Avión _____

4. Automóvil _____

5. 1903 _____

6. 1888 _____

C. Haz una lista de todos los medios de transporte en los que tú has viajado. Luego, escribe en qué medios de transporte han viajado los miembros de tu familia.

1. Yo he viajado en _____

_____

2. Mis hermanos han viajado en _____

_____

3. Mis abuelos han viajado en _____

_____

4. Mis tíos han viajado en _____

_____

D. De los tres medios de transporte que inventaron Benz, Peral y los hermanos Wright, ¿cuál crees tú que es el más importante? Explica por qué.

_____

_____

_____

_____

_____

_____ .

¿Qué aprendiste?

A. Imagínate que trabajas en una agencia de viajes y tienes que acomodar a las personas y la carga que viajan a diferentes lugares. Conecta las personas u objetos de la izquierda con los medios que usarías para transportarlos.

B. Si un camión, un tren y un carro o coche son medios de transporte terrestre, menciona tres medios de transporte marítimo.

1. _____

2. _____

3. _____

Tiempo y clima

¿Cómo está el tiempo?

A. En la clase del Sr. Gómez, Mike tomó apuntes en tarjetas, pero cuando regresaba a su casa el viento se las voló. Ayuda a Mike a ponerlas en orden, enumerándolas del 1 al 10.

1. __2__ Una niña dijo que le gustaba mucho la nieve.

2. _____ El Sr. Gómez nos dio una tarea sobre cómo informarnos del tiempo.

3. _____ Alguien dijo que en el periódico se puede leer el pronóstico del tiempo.

4. _____ El Sr. Gómez explicó que hay varias formas de saber el estado del tiempo.

5. _____ Otra niña dijo que ella mira en la televisión el canal del tiempo.

6. _____ Alguien preguntó que adónde íbamos a viajar en la Aitimar.

7. _____ El Sr. Gómez dijo que lo único que necesitamos para viajar es buen tiempo.

8. _____ Todos nos opusimos a que se abrieran las ventanas.

9. _____ El Sr. Gómez dijo que iremos a una ciudad donde el tiempo cambia según la estación.

10. _____ Una niña dijo que es fácil buscar información del tiempo en la Internet.

Las condiciones del tiempo

A. Describe el tiempo que muestra cada escena. Escribe en qué estación están y cómo está la temperatura.

Es primavera.

Hace buen tiempo.

B. Describe brevemente cómo es el invierno en la ciudad donde tú vives.

El verbo *tener* y sus usos

A. Escribe en la columna derecha el número que corresponde a la pregunta en la columna izquierda. Completa la oración con la forma correcta del verbo *tener*.

1. ¿Por qué lleva Carlos ese abrigo?

2. ¿Cuántos años tiene tu papá?

3. ¿Quieres un poco de mi almuerzo?

4. ¿Por qué no sales a jugar conmigo?

_3_ No, no __tengo__ hambre.

___ Él _____ 38 años.

___ Porque _____ frío.

___ Porque _____ tarea.

B. ¿Qué tienen y cómo se sienten? Di lo que tienen o cómo se sienten las personas en los dibujos.

1. Mi hermanita y yo

_____ una mascota.

2. El Sr. Gómez y sus alumnos

_____ una nave espacial.

3. Mi hermana _____ frío.

4. Mi papá _____ un carro nuevo.

Nos adaptamos al clima

A. Organiza los puntos esenciales de esta lectura. Comienza con la idea principal. Luego apunta dos elementos de apoyo y da ejemplos que ilustren el argumento.

Idea principal:

_____

Primer apoyo de la idea principal:

_____

_____

Ejemplos:

_____

_____

_____

Segundo apoyo de la idea principal:

_____

Ejemplos:

_____

_____

_____

B. Agrega un párrafo más a la lectura para que tenga una conclusión que refuerce el texto. Escribe lo que crees que es una buena conclusión.

_____

_____

_____

C. Lee las descripciones 1 y 2 que unos niños hicieron de sus casas, y elige una de las siguientes frases que explica cómo es el clima de esa región.

> ### Región donde llueve mucho.

> ### Región donde hace mucho calor.

1. Mi casa tiene ventanas muy grandes y el techo es de tejas. Alrededor de la casa hay amplios corredores. Durante los meses de julio y agosto, el sistema de aire acondicionado es muy necesario.

_____

2. En nuestra casa los techos son inclinados, pero no mucho. Sólo lo suficiente para que corra el agua. Lo importante es que las ventanas están protegidas con cristales y tienen balcones grandes.

_____

3. Describe cómo es tu casa y las de tu vecindario, y di cómo se adaptan al clima de tu región. De los cuatro tipos de casas descritos en la lectura, ¿cuál de ellos se parece más a la tuya?

_____

_____

_____

_____

¿Qué aprendiste?

A. Completa las siguientes oraciones con una palabra del recuadro.

frío	otoño	llueve	temperatura
clima	invierno	blanco	pequeñas

1. Llevamos abrigos, gorros y guantes cuando hace _____.

2. Es necesario llevar un paraguas cuando _____.

3. Por lo general, las casas de color _____ son menos calientes.

4. En las regiones muy frías, las ventanas son _____.

5. Por lo general, el viento hace caer las hojas de los árboles en

_____.

6. Los elementos del tiempo que se observan durante largos períodos

forman el _____ de una región.

7. Los meses más fríos son los meses de _____.

8. La _____ máxima de hoy es de 75° F.

B. Completa las siguientes oraciones con la forma correcta del verbo *tener.*

1. Me voy a dormir porque _____ sueño.

2. Jaime, ¿cuántos años _____?

3. En mi clase, nosotros _____ dos maestras y un ayudante.

Animales de ayer y hoy

En el Museo de Historia Natural

A. ¿Qué diferencias y semejanzas hay entre los dinosaurios herbívoros y los carnívoros? Pon las diferencias en los extremos de los círculos, y las semejanzas donde se unen los dos círculos.

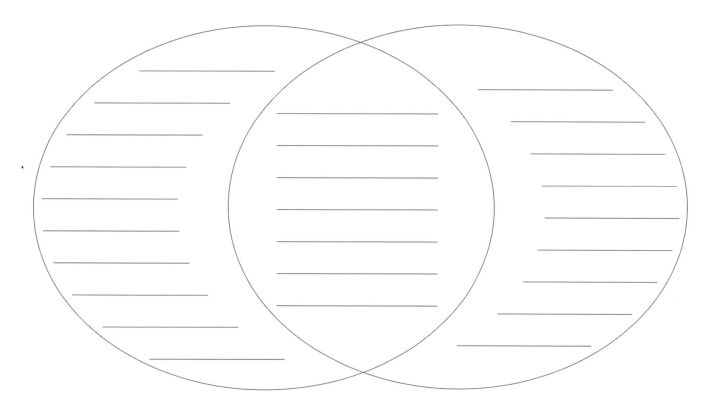

B. Durante la visita al Museo, una niña comenta que si los dinosaurios desaparecieron hace millones de años, ¿cómo sabemos el aspecto que tenían? Escribe tu propia explicación.

_____

_____

_____

Algunos animales

A. Usa los dibujos que aparecen arriba para completar las siguientes oraciones:

1. Los dientes de los Tiranosaurios eran largos y _____.

2. Los elefantes son animales muy _____.

3. Las plumas de la perica son _____.

4. Para alcanzar las hojas de los árboles altos, las jirafas tienen el

   cuello _____.

B. Completa las palabras con *r* o con *rr*, según sea necesario.

1. Tenemos un gato, pe___o no tenemos un pe___o.

2. El ca___o nuevo es ___ojo.

3. El Ti___anosau___io es te___ible.

El adjetivo y la concordancia

A. Pon la forma correcta del adjetivo, según sea masculino o femenino, singular o plural.

1. Mis perros son (cariñoso) _____.

2. Los niños están (triste) _____.

3. La gata está muy (gordo) _____.

4. El libro es (pequeña) _____.

5. Los elefantes son (enorme) _____.

6. Las jirafas son (flaco) _____.

7. Mi perro tiene una cara muy (lindo) _____.

8. El Diplodocus es un dinosaurio muy (grande) _____.

B. Determina si las partes subrayadas están en el orden correcto. Si lo están, escribe *correcto* en el espacio. Si no lo están, ordénalas y escribe toda la oración correctamente.

1. Yo tengo dos <u>hermanos y una hermana</u>.

   _____

2. En mi casa hay <u>una grande piscina</u>.

   _____

3. Los animales tienen <u>un muy cerebro pequeño</u>.

   _____

4. Tenemos <u>un perro cariñoso</u>.

   _____

5. El elefante <u>contento muy está</u>.

   _____

Los dinosaurios

A. Determina si las siguientes oraciones son verdaderas (V) o falsas (F).

_____ 1. El tamaño del cerebro es importante para medir la inteligencia de los animales.

_____ 2. El Tiranosaurio no era tan inteligente como el Diplodocus.

_____ 3. Los dientes grandes y afilados del Tiranosaurio indican que era el animal herbívoro más grande.

_____ 4. La temperatura no afecta la vida de los reptiles.

_____ 5. El científico inglés que inventó la palabra "dinosaurio" pensaba que todos los dinosaurios eran terribles.

B. En la actividad anterior hay tres oraciones que son falsas. Luego de determinar cuáles son, corrígelas de acuerdo a la información de la lectura.

1. _____

2. _____

_____

3. _____

C. Encierra en un círculo la ilustración correcta.

1. Entre estos dos animales, ¿cuál es el herbívoro?

2. ¿Cuál es el Triceratops?

3. ¿Cuál de estas condiciones prefieren los dinosaurios?

4. ¿Cuál de estos dos cerebros es el humano?

¿Qué aprendiste?

A. Encierra en un círculo los adjetivos correctos, y marca con una X los incorrectos. Luego, en la línea al lado, escribe la forma correcta de esos adjetivos.

1. El cerebro de los dinosaurios es pequeña. _____

2. Los dientes del Tiranosaurio eran grande. _____

3. Mi casa es muy bonita. _____

4. Los elefantes son muy gorda. _____

5. El Diplodocus era enormes. _____

6. Los niños son inteligentes. _____

B. Conecta las ilustraciones de la columna de la izquierda con las de la derecha.

Un poco de historia mexicana

Camino a Teotihuacan

A. Conecta la pregunta de la columna de la izquierda con la ilustración correspondiente en la columna de la derecha.

1. ¿Por qué es fácil para la abuela acompañar a su nieta y a otros niños en Teotihuacan?

2. ¿Cómo crees que llegaron los niños a México en la Aitimar: por mar, tierra o aire?

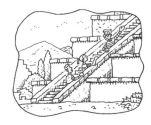

3. ¿Cuáles son los monumentos que el Sr. Gómez les menciona a los niños?

4. ¿Cómo sabe la abuela que su nieta va a llegar a Teotihuacan?

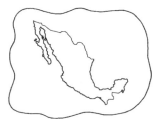

5. Cuando llegan a Teotihuacan, ¿qué quieren hacer los niños?

Teotihuacan: preguntas y respuestas

A. Imagínate que vas a entrevistar a la clase del Sr. Gómez. Usa *qué, cómo, dónde, quién(es), cuándo y por qué* para escribir las preguntas que corresponden a las siguientes respuestas. (La primera ya está hecha.)

1. ¿A dónde fueron? _____
   Fuimos a Teotihuacan.

2. _____
   Es un lugar donde hay unas pirámides grandes.

3. _____
   Fuimos todos los estudiantes, el Sr. Gómez y mi abuela.

4. _____
   Mi abuela llegó en autobús.

5. _____
   Los toltecas abandonaron la ciudad de Teotihuacan.

6. _____
   La construyeron hace más de mil años.

7. _____
   Fuimos porque el Sr. Gómez quiere que aprendamos sobre el pasado.

8. _____
   Yo me subí a la pirámide más alta.

Los verbos *querer* y *poder*

A. Completa las oraciones con la forma apropiada de los verbos *querer* y *poder*.

1. Mi abuela nos (poder) _____ llevar a conocer lugares interesantes.

2. Los niños no (querer) _____ ir a otro museo.

3. Nosotros (poder) _____ viajar porque tenemos una nave muy especial.

4. Yo (querer) _____ subirme a la pirámide del Sol.

5. El Sr. Gómez dice que él no (querer) _____ accidentes.

6. Si tú (querer) _____ viajar en la Aitimar, le

   (poder) _____ pedir permiso al Sr. Gómez.

B. Escribe el año con palabras en la línea colocada debajo de cada oración.

Ejemplo: Diego de Velázquez conquistó la isla de Cuba en 1511.
            Mil quinientos once.

1. La independencia de los Estados Unidos se firmó en 1776.

   _____

2. Los españoles llegaron al Nuevo Mundo en 1492.

   _____

3. Neil Armstrong fue el primer ser humano que caminó sobre la Luna en 1969.

   _____

Hernán Cortés

A. En las siguientes oraciones, escribe el año de cada uno de los eventos históricos en la línea que aparece al inicio de cada ejercicio.

1504   1511   1485   1535   1547   1519   1521

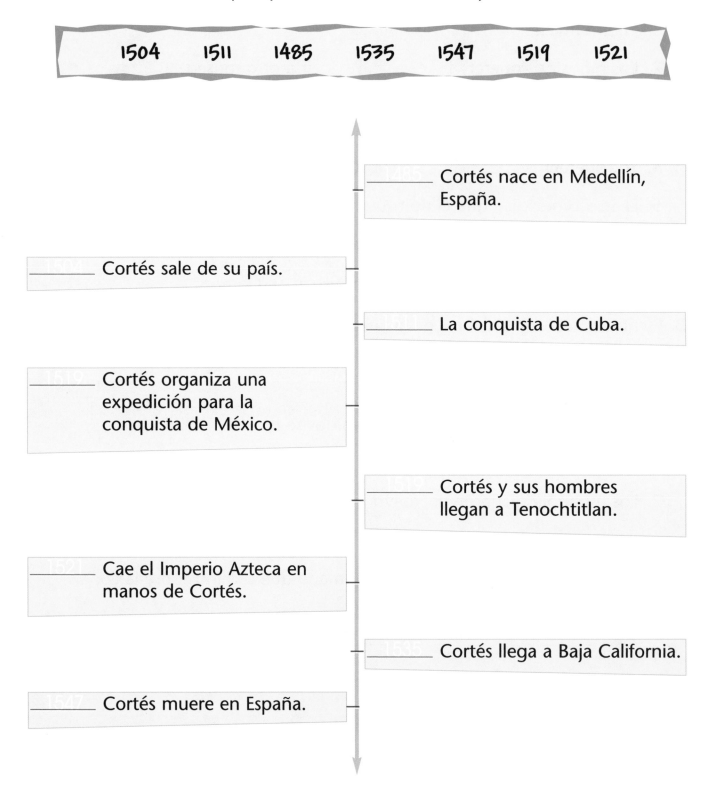

_____ Cortés nace en Medellín, España.

_____ Cortés sale de su país.

_____ La conquista de Cuba.

_____ Cortés organiza una expedición para la conquista de México.

_____ Cortés y sus hombres llegan a Tenochtitlan.

_____ Cae el Imperio Azteca en manos de Cortés.

_____ Cortés llega a Baja California.

_____ Cortés muere en España.

B. Completa las siguientes oraciones con la palabra que le corresponde.

> Cuauhtémoc   rey   expedición
> Hernán Cortés   España   Tenochtitlan

1. Hernán Cortés nació en España y murió en _____.

2. Dos emperadores aztecas fueron Moctezuma y _____.

3. La capital azteca era _____.

4. Carlos V era el _____ de España.

5. _____ conquistó el imperio de los aztecas.

6. En 1519 salió una _____ de Cuba organizada por Cortés.

C. Para investigar. Busca información sobre *La Malinche*, una mujer indígena mexicana que fue intérprete de Cortés. Escribe un breve párrafo con la información que encuentres.

_____

_____

_____

D. En tu opinión. ¿Cómo crees tú que Cortés pudo conquistar un imperio con menos de 500 soldados?

_____

_____

_____

¿Qué aprendiste?

A. Conecta las respuestas de la izquierda con las preguntas de la derecha.

1. Porque quiero conocer muchos lugares.

a. ¿Qué dice el Sr. Gómez?

2. Regresó a su patria antes de morir.

b. ¿Dónde se organizó la expedición?

3. Dice que vamos a México.

c. ¿Quién era Moctezuma?

4. Era el emperador azteca.

d. ¿Por qué te gusta viajar en la Aitimar?

5. Llegaron en barco.

e. ¿Cuándo regresó Cortés a España?

6. Cortés organizó la expedición en Cuba.

f. ¿Cómo llegaron los españoles a México?

B. En las siguientes oraciones, responde escribiendo los números de los años con palabras.

1. Voy a tener quince años en _____.

2. Cuando yo cumpla treinta años, vamos a estar en el año

_____.

3. Mi papá nació en _____.

Música y folklore

De visita en Guatemala

A. Contesta las siguientes preguntas sobre la historia.

1. El Sr. Gómez menciona tres ventajas de haber viajado en microbús en esta gira. ¿Cuál de las siguientes no es una de ellas?
Crúzala con una raya.

> **Pueden:**
>
> practicar el español   ir más rápido
>
> admirar el paisaje   observar a la gente

2. Al llegar al pueblo, el chofer les recomienda algo típico. ¿Qué es?

    _____

3. ¿Qué otro elemento de la cultura guatemalteca descubren los niños mientras comen en el restaurante?

    _____

4. ¿Qué otras cosas, dice el Sr. Gómez, son parte de la cultura de un país?

    _____

B. Decide por qué. ¿Por qué crees tú que el camino al pueblo es muy angosto? Elige la razón que te parezca más lógica y subráyala.

1. En Guatemala los carros son más pequeños.

2. El pueblo es pequeño y tiene pocos carros.

3. En Guatemala prefieren los caminos angostos.

El talento musical

A. ¿Qué profesión tiene cada personaje? Escribe tu respuesta en la línea con el número de cada persona u objeto. Usa los artículos que le correspondan, el/la, un/una, según si son masculinos o femeninos.

1. _____   2. _____

3. _____   4. _____

B. Escribe qué enseñan en la Escuela de Artistas.

1.   2.   3.

1. _____

2. _____

3. _____

C. ¿De qué país es el baile flamenco? _____

Verbos del grupo –er

A. Completa las siguientes oraciones con la forma correcta de los verbos que están entre paréntesis.

1. En este viaje los niños (aprender) _____ sobre la cultura de Guatemala.

2. La tienda de música (vender) _____ trompetas, maracas y guitarras.

3. ¿Qué plato típico (comer) _____ tú si vas a Guatemala?

   Yo siempre (comer) _____ carne asada con frijoles negros, tortillas y plátano frito.

4. Los carros que van al pueblo no (correr) _____ mucho porque el camino es angosto.

B. Escribe el plural de los nombres de estos dibujos.

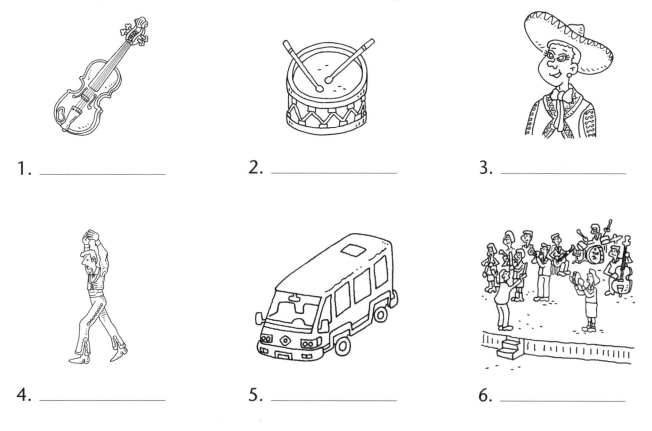

1. _____

2. _____

3. _____

4. _____

5. _____

6. _____

Los bailes folklóricos

A. La lectura describe varios tipos de manifestaciones folklóricas de diferentes países o regiones. Conecta el tipo de arte con el lugar de donde es típico.

España

California, Texas, Arizona, Nuevo México

Guatemala

México

B. ¿Conoces las costumbres folklóricas de otros países? Escribe el nombre del país y luego dibuja la actividad típica. Recuerda que la cultura también se expresa en las comidas y la forma de vestir.

C. ¿Por qué crees que en lugares como San Antonio, Texas; Los Ángeles, California; o Las Cruces, Nuevo México, es posible aprender sobre los bailes tradicionales de México?

_____

_____

D. ¿Qué instrumento se usa en el baile flamenco y también en el de mariachis?

_____

_____

E. Imagínate que visitas un país del Caribe como Puerto Rico, Cuba, o República Dominicana. Describe su música folklórica, qué nombre recibe, y qué instrumento tocan.

_____

_____

_____

_____

_____

_____

¿Qué aprendiste?

A. Lee las siguientes descripciones y escoge la palabra de la lista que define a cada una.

> California   cantante
>
> marimba   mariachis

1. Parece un xilófono, pero es de madera. _____

2. Esta persona no toca un instrumento, pero hace música con su propia voz. _____

3. Todos estos músicos llevan sombreros muy grandes. _____

4. Es uno de los estados donde puedes participar en un ballet folklórico mexicano. _____

B. Completa estas oraciones con la forma correcta del verbo entre paréntesis.

1. Los niños (correr) _____ en el patio de la escuela.

2. En la clase de español nosotros (aprender) _____ sobre la cultura hispana.

3. Los alumnos de cuarto grado siempre (comer) _____ a las 12:30 p.m.

4. En esta tienda (vender) _____ comidas mexicanas.

El sistema solar

Viaje espacial

A. En el dibujo, rotula los planetas que los niños mencionaron con lápiz azul, y el de los que no mencionaron con lápiz rojo. Si necesitas ayuda con los nombres de los planetas, consulta una enciclopedia.

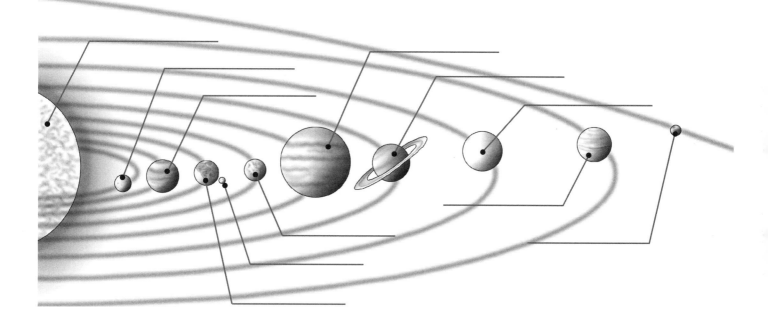

B. Completa las siguientes oraciones:

1. Si en el planeta Marte hubiera aire y mucha agua, en vez de ser rojo su color sería _____.

2. Un telescopio detecta la luz de las estrellas, y un radiotelescopio detecta _____.

Los planetas

A. Completa las siguientes oraciones con las palabras o frases que aparecen a continuación:

el más lejano	Sol	el más grande
cercano	anillos	primero
	noche	

1. Saturno se distingue porque está rodeado de _____.

2. Plutón es el último planeta del sistema solar, y Mercurio es el

   _____.

3. Neptuno está muy lejano, pero Venus está más _____.

4. Un cielo oscuro y estrellado indica que es de _____.

5. Por el día las personas salen más que por la noche, porque preferimos

   el calor y la luz del _____.

6. Júpiter está lejos pero Plutón, por ser el último, es

   _____ de todos los planetas.

7. Por su tamaño, Júpiter es _____ de todos los planetas.

Expresar comparaciones con *más* y *menos*

A. Completa las siguientes oraciones con el comparativo de superioridad *más… que*; el comparativo de inferioridad *menos… que*; o el superlativo *el/la, los/las más/menos*.

Recuerda que para el comparativo puedes usar *mejor* o *peor*; y para el superlativo, *el/la mejor* o *el/la peor.*

Ejemplo: Este cuento es <u>el mejor</u> de toda la colección. (bueno)

1. La Tierra es _____ la Luna. (grande)

2. Entre un autobús, un avión y una nave espacial,

   ¿cuál es _____? (rápido)

3. La nota "B" es _____ que la "C". (buena)

4. Sí, pero la "A" es _____ de todas. (buena)

5. Y al contrario, la "F" es _____ de todas. (mala)

6. La órbita de Marte es _____ que la de la Tierra. (larga)

7. El planeta Tierra es _____ que el planeta Marte. (frío)

8. Mercurio es el planeta más cercano al Sol, pero Plutón es

   _____. (distante)

9. Una noche de Luna llena es _____ que una noche oscura. (bonita)

10. Sin el calor del Sol, la noche es _____ que el día. (caliente)

Los movimientos de la Tierra

A. La Tierra gira y da vueltas alrededor del Sol. Crea dos columnas. Coloca a la izquierda información sobre la traslación, y a la derecha sobre la rotación. Basa tu información en las siguientes preguntas:

¿En qué consiste el movimiento de traslación?

¿En qué consiste el de rotación?

¿Cuánto dura cada uno de estos movimientos?

¿Cuál es el resultado del movimiento de traslación?

¿Y del movimiento de rotación?

Traslación	Rotación

B. Encierra en un círculo la palabra que mejor complete las siguientes oraciones:

1. La órbita de Mercurio es de 98 días; la de Venus, 210 días; la de la Tierra, 356 días, y la órbita de Marte dura (más / menos) que la de nuestro planeta.

2. La temperatura promedio de Venus es de unos 900° F; la de nuestro planeta, de unos 75° F, y la de Marte es (más / menos) caliente que la nuestra.

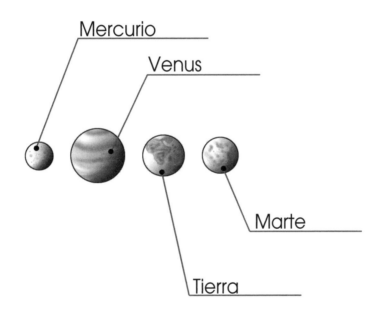

C. ¿Qué crees tú? Encierra en un círculo la respuesta correcta.

La razón por la cual nadie percibe que la Tierra se mueve es porque:

1. El movimiento es muy lento y la Tierra es muy grande.

2. El día precede a la noche.

3. Los otros planetas también se mueven.

¿Qué aprendiste?

A. ¿Cómo se llama el movimiento que da la Tierra alrededor del Sol? ¿Cómo se llama el que da sobre su eje? Escribe el nombre de cada movimiento debajo del dibujo que le corresponde.

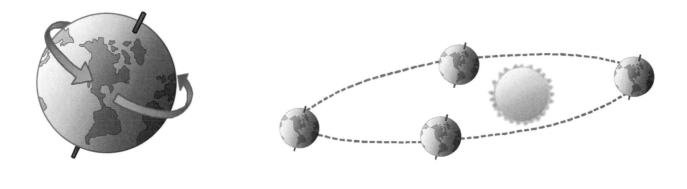

_____   _____

B. Observando los planetas en las páginas del texto podemos decir que, por

su tamaño, Saturno es _____ que Marte, pero Júpiter

es _____ de todos.

C. Mercurio, por ser el planeta más cercano al Sol, es el más caliente; Plutón,

por ser el más distante, es _____.

Animales marinos

Viaje al fondo del mar

A. Conecta las frases de la izquierda con las ilustraciones de la derecha.

1. El papá de Tom y su actividad favorita.

2. La razón por la que Mike no quiere ir a navegar en el mar.

3. Parecen plantas, pero en realidad son animales.

4. Emplea una especie de camuflaje para que no lo vean.

5. Parece un barco o un submarino.

6. Las agallas funcionan como si fueran pulmones.

El fondo del mar

A. Completa las siguientes oraciones utilizando palabras de la lista a continuación y escríbelas en singular o en plural, según corresponda.

pulpo	pez	buzo
pez vela	tiburón	medusa

1. El padre de Tom pescó un _____.

2. Las _____ no parecen animales, sino plantas.

3. Mike le tiene miedo a los _____.

4. Un _____ está nadando cerca de la nave Aitimar.

5. El Sr. Gómez dice que un _____ les servirá de guía.

6. Los _____ respiran el oxígeno por las agallas.

Verbos del grupo –*ir*; la continuación *estar* + gerundio

A. Completa las siguientes oraciones con la forma correcta del verbo que aparece entre paréntesis.

1. En el fondo del mar (vivir) _____ muchos animales interesantes.

2. Algunos peces siempre están en el fondo del mar, pero los

   tiburones (subir) _____ a la superficie.

3. Para recordar lo que aprendemos con el Sr. Gómez, yo siempre

   (escribir) _____ en mi diario.

4. Y tú, ¿(escribir) _____ en tu diario todos los días?

5. Nosotros nunca (abrir)_____ las ventanas de la nave
   Aitimar cuando estamos en el fondo del mar.

B. ¿Qué están haciendo? Observa las ilustraciones que aparecen a continuación y escribe una oración debajo de cada dibujo para indicar lo que están haciendo los personajes.

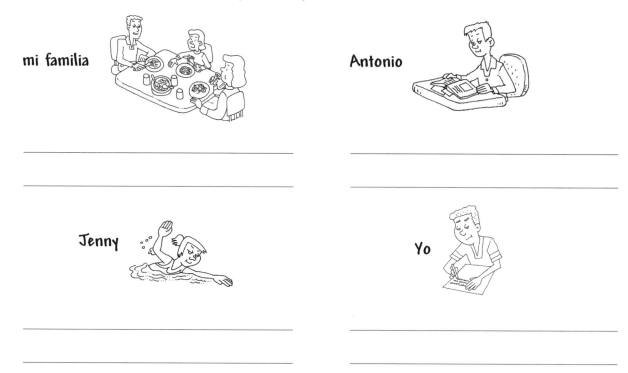

mi familia

Antonio

_____   _____

_____   _____

Jenny

Yo

_____   _____

_____   _____

Defensas de los animales marinos

A. Mapa de la lectura *Defensas de los animales marinos*. Escribe la información que falta en los espacios indicados. Luego completa la pirámide.

1. _____

   Escribe el título de la lectura.

2. _____

   _____

   Escribe la idea principal de la lectura.

3. _____

   Escribe la primera oración de apoyo a la idea principal.

4. _____

   Escribe otra oración de apoyo a la idea principal.

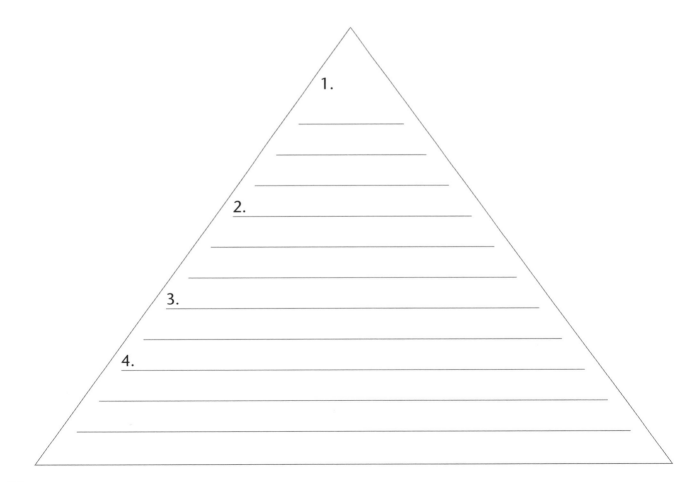

B. Los animales de la columna derecha tienen sistemas de defensa similares a los de la columna izquierda. Conecta cada animal según su forma de defenderse.

1. un pulpo

Si le cortas la cola a la lagartija, le vuelve a crecer.

2. una raya torpedo

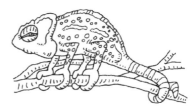

El camaleón es famoso porque adapta su color al color que le rodea.

3. una estrella de mar

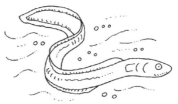

El calamar lanza tinta para esconderse y escapar.

4. un pez roca

La anguila produce descargas eléctricas.

C. De la siguiente lista determina quiénes usan camuflaje, encerrando en un círculo las palabras correctas.

bomberos   doctores   soldados
futbolistas   cazadores

¿Qué aprendiste?

A. Sopa de letras

Busca en la sopa de letras las palabras que están al lado.

O	G	A	C	U	A	R	I	O
X	A	T	U	P	I	B	U	R
Í	G	D	M	E	D	U	S	A
G	A	Z	C	Z	B	Z	C	Y
E	L	P	U	L	P	O	A	A
N	L	Q	A	S	E	L	N	T
O	A	R	L	G	Z	H	G	O
P	S	E	M	A	R	L	R	R
T	N	Z	A	R	O	N	E	P
M	C	V	D	F	C	G	J	E
S	T	O	C	É	A	N	O	D
N	P	E	Z	V	E	L	A	O

MAR   PEZ ROCA

OXÍGENO   PEZ

OCÉANO   MEDUSA

ACUARIO   CANGREJO

PULPO   RAYA TORPEDO

BUZO   AGALLAS

PEZ VELA

B. Si deseas colorear el dibujo de un animal y quieres camuflarlo, ¿cómo debes colorearlo?

Tengo que _____.

C. Observa tres niños y escribe tres oraciones describiendo lo que hace cada uno.

1. _____

2. _____

3. _____

En España

Camino a Madrid

A. ¿Quién dijo eso? En este ejercicio, conecta los personajes con lo que ellos dijeron en la historia.

1. Antonio

    a. Iremos al parque con ustedes con tal que no sea muy temprano. Nosotros nos levantamos tarde.

2. La madre de Antonio

    b. De Sevilla a Madrid iremos en el AVE para que los niños disfruten de esa experiencia.

3. La tía de Antonio

    c. Querida tía: Te quiero contar acerca de cada uno de mis compañeros de viaje.

4. El Sr. Gómez

    d. Me cuesta mucho aprender inglés. Por eso quiero regresar a España.

5. El tío de Antonio

    e. Voy a prepararles una cena típica de Madrid a los amigos de Antonio cuando vengan a visitarnos.

B. ¿Qué crees tú? ¿Por qué crees que después de navegar el Atlántico, el Sr. Gómez decidió que se iban a bajar en Sevilla? Encierra en un círculo el número de la respuesta correcta.

1. El camino de Sevilla es la mejor manera de llegar a Madrid.

2. Sevilla está muy cerca del mar.

Los hábitos personales

A. Completa las siguientes oraciones, según lo que sugieren las ilustraciones.

1. Mike _____ a las
   6:30 a.m. los días entre
   semana.

2. Nosotros _____
   juntos a las 7:00 p.m.

3. Yo _____ a mi casa
   a las 3:00 p.m.

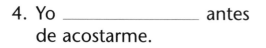

4. Yo _____ antes
   de acostarme.

5. Yo _____ temprano
   porque mañana tengo que ir
   a la escuela.

Los verbos reflexivos

A. Completa las siguientes oraciones con la forma correcta del verbo entre paréntesis.

1. Mis hermanos (acostarse) _____ a las 9:30 p.m. todos los días.

2. Mi mamá (levantarse) _____ antes de las 6:00 a.m.

3. Yo (bañarme) _____ y luego desayuno.

4. Después de las clases, los alumnos (irse) _____ para sus casas.

5. Tengo un perrito que (llamarse) _____ Pluto.

6. Antes de comer, tú siempre (lavarse) _____ las manos.

7. Nosotros (sentarse) _____ a la mesa para cenar juntos.

B. Lee las siguientes oraciones y, si son reflexivas, ponles una R al lado. Si no lo son, déjalas en blanco.

1. Mi perro se llama Manolo. _____

2. Tú te levantas tarde los sábados. _____

3. Mi papá lava su carro. _____

4. Llamo a mis abuelos por teléfono. _____

5. Mi madre se lava el pelo cuando se baña. _____

C. Escribe una o dos oraciones usando verbos reflexivos.

_____

_____

_____

_____

Don Quijote de la Mancha

A. Imagínate que estás entrevistando a Antonio, el niño español. Usa las palabras *qué, cómo, dónde, cuándo, quién, y por qué,* y escribe en la línea las preguntas que corresponden a las respuestas que dio Antonio.

1. _____

   Don Quijote de la Mancha es una novela.

2. _____

   En una región que se llama "La Mancha".

3. _____

   La mujer campesina que en la mente de don Quijote se convirtió en su gran dama.

4. _____

   Don Quijote perdió la razón leyendo novelas de caballería.

5. _____

   Don Quijote se hizo caballero porque quería ser como los caballeros de las novelas.

6. _____

   Hay tres molinos de viento de la época de Don Quijote.

B. ¿Has leído algún libro o has visto alguna película de aventuras fantásticas? Escribe el nombre y cuenta de qué se trata.

_____

_____

_____

_____

C. ¿Te gustaría ser como el héroe fantástico de algún libro que has leído o película que has visto en el cine o por televisión? Di a quién te gustaría imitar, y qué te gustaría hacer.

_____

_____

_____

_____

D. ¿Te gustaría dar un paseo por Castilla-La Mancha como el que se describe en la lectura? Explica por qué.

_____

_____

_____

_____

¿Qué aprendiste?

A. Busca en la sopa de letras las palabras que están al lado.

N	O	V	E	L	A	X	R	A	Z	Ó	N
F	D	Z	A	F	L	N	S	T	O	P	A
C	U	S	B	S	D	M	S	B	A	N	R
E	L	T	O	B	O	S	O	N	N	N	G
R	C	B	C	Q	N	V	Y	D	A	M	A
V	I	T	V	N	Z	D	F	O	B	E	M
A	N	G	I	L	A	M	A	N	C	H	A
N	E	O	E	D	L	F	H	Q	M	A	S
T	A	V	N	F	O	C	Q	U	I	V	I
E	D	F	T	S	R	G	T	I	G	E	L
S	P	N	O	D	E	S	V	J	U	N	L
C	M	O	L	I	N	O	S	O	E	T	A
C	A	M	P	O	Z	V	D	T	L	U	F
F	M	U	S	E	O	N	G	E	Q	R	G
C	A	B	A	L	L	E	R	O	S	A	J

ALDONZA LORENZO

ARGAMASILLA

AVENTURA

CABALLEROS

CAMPO

CERVANTES

DAMA

DON QUIJOTE

DULCINEA

EL TOBOSO

LA MANCHA

MIGUEL

MOLINOS

MUSEO

NOVELA

RAZÓN

VIENTO

B. Contesta las siguientes preguntas con oraciones completas.

1. ¿A qué hora te levantas todos los días?

2. ¿A qué hora te acuestas?

3. ¿Qué es el AVE?

De excursión por Texas

De regreso en la escuela

A. Completa cada oración conectando correctamente las frases de la columna izquierda, con las de la columna derecha.

1. Los niños que se quedaron en la escuela prepararon...

...está muy contento de estar con los otros alumnos otra vez.

2. Los niños les preguntan...

...hicieron un viaje a Texas.

3. En Texas...

...fue lo que vio en el fondo del mar.

4. Los que no fueron a España...

...una celebración de bienvenida para los niños que viajaron en la Aitimar.

5. El Sr. Gómez dice que...

...los tíos de Antonio los invitaron a su casa.

6. Susan recuerda que...

...sobre los lugares que visitaron y qué fue lo que les gustó más.

7. Lo que más le gustó a Tom...

...visitaron el Centro Espacial y aprendieron palabras nuevas.

Variaciones léxicas

A. Escribe la variante léxica de las palabras siguientes:

naranja _____

fresa _____

anteojos  _____

maní  _____

sandalias  _____

tomates _____

pantalones
vaqueros _____

Las contracciones *al* y *del*

A. Escribe oraciones completas con las palabras y frases siguientes, utilizando las contracciones *al* y *del* y las formas verbales en pasado.

1. un niño / de / el Centro Espacial / hablar

   _____

2. está contento / ir / Tom / el fondo del mar / porque / a

   _____

3. Mike / a / dice / el espacio / ir / que

   _____

4. la nave / bajan / de / el viaje/ de / después

   _____

B. Escribe las oraciones siguientes poniendo los verbos en pasado.

1. Unos niños van a España, pero yo voy a Texas.

   _____

2. El viaje al fondo del mar es muy interesante.

   _____

3. Unos niños hablan con personas mexicanas.

   _____

4. Ustedes también visitan el Centro Espacial.

   _____

5. Yo escucho la música de la marimba en un restaurante.

   _____

6. El paseo a La Mancha dura todo el día.

   _____

Texas, el estado de las seis banderas

A. Conecta las fechas y eventos históricos de la columna izquierda, con las banderas que han representado al estado de Texas durante esas fechas.

1. De 1861 a 1865, Texas formó parte de la Confederación de estados del Sur de Estados Unidos, que se separaron de los del Norte. En Texas había esclavos.

2. En 1865 Texas se convirtió en el estado número 28 de Estados Unidos.

3. De 1836 a 1845, Texas se separó de México cuando los texanos ganaron la batalla de San Jacinto. La bandera de esa época sigue siendo aún la de ese estado.

4. Entre 1519 y 1821, durante dos períodos distintos, Texas estuvo bajo dominio español. Los españoles fundaron misiones. El Paso fue originalmente una de ellas.

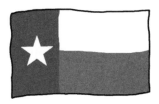

5. De 1821 a 1836, los texanos y mexicanos se unieron cuando México se independizó de España. Al final de ese período, los texanos se rebelaron contra México.

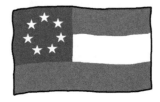

6. De 1685 a 1690, los franceses que vivían en Louisiana, entonces territorio de Francia, trataron de apoderarse de Texas, pero pronto tuvieron que abandonar su colonia.

B. ¿Por qué la cultura hispana es muy importante en el estado de Texas? Escribe dos oraciones para expresar dos razones que fundamenten esto.

1. _____

2. _____

C. De los seis períodos que representan las seis banderas de Texas, ¿cuáles fueron los dos más cortos?

_____

_____

D. El Paso, Texas, es una ciudad de nombre y origen hispano que se encuentra en la línea fronteriza entre Texas y México. ¿Por qué crees que esta ciudad se llama *El Paso?* Escribe un párrafo.

_____

_____

_____

_____

_____

¿Qué aprendiste?

A. Busca en la sopa de letras las palabras que están al lado.

C	A	W	J	K	T	Z	Y	E	U
O	D	A	U	S	T	I	N	F	E
R	P	M	C	V	S	T	U	B	L
P	Z	A	Q	W	A	C	O	M	P
U	M	R	Y	L	J	M	C	T	A
S	F	I	H	D	A	L	L	A	S
C	G	L	T	E	X	A	S	S	O
H	A	L	O	I	U	B	T	D	M
R	H	O	U	S	T	O	N	L	J
I	F	L	A	R	E	D	O	G	M
S	A	N	A	N	T	O	N	I	O
T	F	O	R	T	W	O	R	T	H
I	G	A	L	V	E	S	T	O	N

AMARILLO

AUSTIN

CORPUS CHRISTI

DALLAS

EL PASO

FORT WORTH

GALVESTON

HOUSTON

LAREDO

SAN ANTONIO

TEXAS

WACO

B. Forma oraciones completas con las siguientes palabras y frases poniendo los verbos en pasado, y emplea una contracción cuando sea necesario.

1. el espacio / ir / Unos niños / a

_____

2. hablar / las vacaciones / Mi padre / de

_____

Historia de España en Estados Unidos

Otra clase de historia

A. Completa las oraciones que comienzan en la columna izquierda conectándola con la información correspondiente en la columna derecha.

1. Los españoles llegaron a lo que hoy es Estados Unidos...	...la profesora Robles sacaba mejores notas que él.
2. La profesora Robles y el Sr. Gómez....	...por la Florida, Texas, y otros estados.
3. La profesora Robles les va a mostrar...	...recuerda que vio y oyó los cañones del Castillo de San Marcos.
4. Varias expediciones españolas exploraron territorios...	...ya no van a hacer más viajes en la Aitimar.
5. Los niños saben que muy posiblemente...	...un vídeo sobre el Castillo de San Marcos.
6. El Sr. Gómez dice que...	...fueron compañeros de estudio.
7. Una niña de la clase...	...antes que llegaran los ingleses.

B. Decide por qué. ¿Por qué crees que los españoles llegaron a lo que hoy es Estados Unidos antes que los ingleses? Encierra en un círculo la razón que te parezca más lógica.

1. Los españoles eran mejores navegantes y tenían mejores barcos.

2. Los españoles ya habían llegado a las islas del Mar Caribe.

3. Los ingleses estaban esperando a ver qué les pasaba a los españoles.

Palabras negativas y la palabra *hay*

A. Completa cada oración con la palabra que expresa lo opuesto de la palabra subrayada.

1. En esta clase <u>siempre</u> tenemos exámenes,

   pero los exámenes _____ son difíciles.

2. —¿Hay <u>algo</u> en tu mochila? —No, no hay

   _____ en mi mochila.

3. <u>Algunos</u> niños fueron a México, pero

   _____ fue a Puerto Rico.

4. <u>Alguien</u> en mi clase es de España, pero

   _____ es de Costa Rica.

Otros verbos en pretérito

A. Completa las oraciones con la forma del pasado de los verbos en paréntesis.

1. Yo no (comer) _____ mucho esta mañana.

2. Los alumnos del Sr. Gómez (comer) _____ en un restaurante en Guatemala.

3. ¿Qué (comer) _____ tú anoche?

4. Ayer, en la clase de inglés, nosotros (escribir) _____ una composición.

5. Antonio le (escribir) _____ una carta a su tía.

6. Yo (escribir) _____ todas las palabras del vocabulario.

B. Completa las oraciones con la forma del pasado del verbo *estar*.

1. Durante las vacaciones, mis amigos y yo _____ en San Antonio.

2. Cuando tú _____ en España, ¿visitaste Madrid?

3. La profesora Patricia Prado _____ en nuestra clase ayer.

4. Todos mis compañeros _____ presentes durante su visita.

C. Completa las oraciones con la forma correcta del adjetivo posesivo correspondiente al sujeto subrayado.

1. Yo tengo _____ libros en _____ mochila.

2. Carlos visitó a _____ tíos el domingo pasado.

3. Mi hermana y yo vivimos con _____ padres.

Por tierras desconocidas

A. En el cuadro organiza las expediciones de los exploradores españoles, colocando en cada fila toda la información que consideres importante. En la primera fila escribe el nombre, y debajo del nombre, la información.

Los exploradores españoles y sus expediciones

Nombre del explorador				
¿De dónde salió?				
¿Qué estaba buscando?				
¿Qué lugares visitó?				

B. Si tú fueras explorador de nuevos continentes, ¿qué parte de tu trabajo te gustaría y qué parte no te gustaría? Explica por qué.

_____

_____

C. En el pasado, los exploradores hacían expediciones a tierras desconocidas, pero en el futuro, ¿adónde crees que van a ir los exploradores? ¿Crees que era más peligroso antes o será más peligroso en el futuro? Explica.

_____

_____

_____

D. Al lado de cada una de las siguientes palabras o frases escribe el nombre del explorador (Ponce de León, Vázquez de Coronado, Cabeza de Vaca, de Soto) con la que se relacionan.

Buscaba la fuente de la juventud.   _____

Llegó hasta Chicago.   _____

Estuvo prisionero varios años.   _____

Le puso el nombre al estado de la Florida.   _____

Estuvo en Tampa.   _____

Llegó hasta el Gran Cañón del Colorado.   _____

Buscaba la ciudad de oro.   _____

Sobrevivió un naufragio.   _____

Navegó por el Misisipi.   _____

¿Qué aprendiste?

A. Busca en la sopa de letras las palabras que están al lado.

C	O	L	O	R	A	D	O	N	C	S
L	C	H	I	C	A	G	O	A	M	A
A	T	V	S	Z	S	B	C	U	I	N
F	O	R	O	Q	A	Y	P	F	S	M
L	V	F	U	E	N	T	E	R	I	A
O	T	A	M	P	A	B	M	A	S	R
R	S	O	I	Q	G	T	H	G	I	C
I	Z	V	M	C	U	B	A	I	P	O
D	T	E	X	A	S	R	E	O	I	S
A	P	I	R	A	T	A	S	S	P	Y
M	F	E	U	T	Í	V	C	Q	R	J
B	H	G	R	A	N	C	A	Ñ	Ó	N
P	O	N	C	E	D	E	L	E	Ó	N

CUBA

CHICAGO

FUENTE

GRAN CAÑÓN

LA FLORIDA

MISISIPI

NAUFRAGIOS

ORO

PIRATAS

PONCE DE LEÓN

SAN AGUSTÍN

SAN MARCOS

TAMPA

TEXAS

COLORADO

B. Completa las oraciones con *nadie, ninguno* y *hay*.

1. Yo no conozco a _____ en Canadá.

2. Mañana es sábado; entonces no _____ tarea para mañana.

3. Algunos de mis amigos tienen 9 ó 10 años, pero _____ tiene 15 años.

Cocinamos

Pícnic de despedida

A. Contesta las siguientes preguntas sobre el pícnic.

1. ¿Adónde fueron el Sr. Gómez y sus alumnos para celebrar el pícnic?

   El Sr. Gómez y sus alumnos fueron al parque.

2. ¿Cuáles son los pasos a seguir para cocinar plátanos fritos?

   _____

3. ¿Qué ingredientes se necesitan para hacer una tortilla española?

   _____

4. ¿Qué ingredientes se necesitan para hacer guacamole?

   _____

5. ¿Qué bebieron durante el pícnic?

   _____

6. ¿Cómo sabemos que la comida estuvo muy buena?

   _____

Los alimentos

A. Marca con un círculo el comestible que no pertenece dentro del grupo.

Ejemplo: pollo queso bistec jamón

1. zanahoria tomate aguacate limón

2. lechuga naranja zanahoria pepino

3. leche yogur pepino queso

B. Marca con un círculo los ingredientes que necesitas para hacer una ensalada.

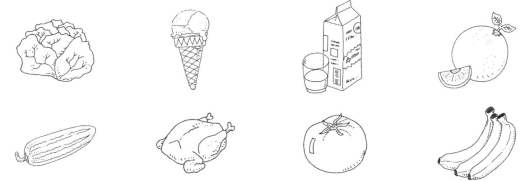

C. Dibuja una hamburguesa con todos los ingredientes que pueda tener. Colorea cada ingrediente y luego escribe el nombre de cada uno a su lado.

Otros verbos en pretérito

A. Cambia al pasado las oraciones siguientes:

Ejemplo: Yo hago la tortilla española.
Yo hice la tortilla española.

1. Mi madre tiene que cortar las papas.

   _____

2. Todos los alumnos hacen su parte para preparar el pícnic.

   _____

3. Tom y Nancy hacen el guacamole.

   _____

4. Tú tienes que traer los refrescos.

   _____

B. Completa las comparaciones siguientes con *tan... como* o *tantos... como*:

Ejemplo: Para preparar la ensalada, los niños cortaron **tantos**
pepinos **como** las niñas.

1. La tortilla española es _____ deliciosa _____ la carne asada.

2. Hacer plátanos fritos es _____ trabajoso _____ hacer la ensalada.

3. Comprar refrescos no es _____ difícil _____ hacer limonada.

4. La Sra. Prado hizo _____ sándwiches _____ el Sr. Prado.

A la compra

A. Escribe un poema similar al de la lectura *A la compra*. Puedes describir (1) quién(es) hace(n) la compra en tu familia, (2) qué compran, (3) cuándo compran, (4) lo que pagan, (5) quién guarda la compra al llegar a casa, etc. Después, haz dibujos que ilustren las diferentes partes de "tu compra".

Escribe tu poema en este espacio.

_____

_____

_____

_____

_____

_____

_____

Haz tus dibujos en este espacio.

B. Contesta las siguientes preguntas con oraciones completas.

1. En tu casa, ¿quién se encarga de hacer la compra?

   _____

2. ¿Te gusta o no te gusta acompañar a tu mamá o a tu papá a hacer las compras? Explica por qué te gusta o por qué no te gusta.

   _____

3. ¿Cuáles son algunos productos que siempre compran?

   _____

4. ¿Cuáles son algunos productos que compran especialmente para ti?

   _____

5. ¿Qué tipo de comida prefieres, la que hacen en tu casa o la que sirven en los restaurantes? ¿Por qué?

   _____

6. ¿Cuál es tu plato favorito? ¿Por qué te gusta?

   _____

7. ¿Te gusta la comida de otros países? Describe qué comidas te gustan de otros países y por qué.

   _____

   _____

   _____

¿Qué aprendiste?

A. Escribe el nombre:

1. de tres productos lácteos

   _____   _____   _____

2. de tres verduras

   _____   _____   _____

3. de tres carnes o aves

   _____   _____   _____

4. de tres frutas

   _____   _____   _____

B. Escoge el ingrediente principal y enciérralo en un círculo.

1. tortilla española   papa   tomate

2. guacamole   aguacate   pepino

C. Escribe las siguientes comparaciones en forma de oración:

Ejemplo: limón / grande/ naranja
          El limón es tan grande como la naranja.

1. leche / importante / carne

   _____

2. yogur / delicioso / helado

   _____

3. zanahorias / buenas / pepino

   _____

Vacaciones por llegar

¿Cómo nos vamos a comunicar?

A. Contesta las siguientes preguntas sobre la historia.

1. ¿Por qué están haciendo planes los niños y el Sr. Gómez?

   _____

   _____

2. ¿Qué desean los niños durante las vacaciones?

   _____

   _____

3. ¿Qué cosa los hace pensar en el país del Sr. Gómez?

   _____

   _____

4. ¿Cómo van a comunicarse con el niño que va de vacaciones a una isla lejana?

   _____

   _____

5. ¿Qué pueden hacer los niños que tienen computadoras para comunicarse sin hablar?

   _____

   _____

La computadora

A. Completa las oraciones con la palabra de la lista que corresponda.

apagar	teclado	ratón
encender	pantalla	imprimir

1. Antes de comenzar a trabajar, tengo que _____ la computadora.

2. Después de escribir, tengo que _____ mi trabajo en un papel.

3. Veo lo que estoy haciendo en la _____.

4. Para escribir pongo los dedos sobre el _____.

5. Uso el _____ para moverme de un lado a otro.

6. Cuando termino de trabajar, tengo que _____ la computadora.

B. En las siguientes oraciones hay 8 palabras con errores de ortografía. Enciérralas en un círculo y escríbelas correctamente en los espacios de abajo.

Las canpanas se oyen en el canpo.

La inpresora es muy inportante para la conputadora.

Si tenemos tienpo y no somos inpacientes, vamos a visitar las ruinas del Inperio inca.

_____ _____

_____ _____

_____ _____

_____ _____

El futuro

A. Completa las oraciones usando la forma del futuro del verbo que aparece subrayado en la primera oración.

Ejemplo: Hoy <u>estamos</u> en clase, pero en el verano **<u>estaremos</u>** de vacaciones.

1. El mes pasado tú <u>fuiste</u> a España, y el próximo mes _____ a Puerto Rico.

2. Jane <u>comió</u> carne asada en Guatemala, pero en el pícnic de mañana

   _____ tortilla española.

3. Hoy <u>leo</u> el primer capítulo de este libro y mañana _____ el segundo capítulo.

4. En el presente nosotros <u>vivimos</u> en el planeta Tierra, pero en el futuro

   también _____ en otros planetas.

5. Hoy es viernes y <u>vamos</u> a la escuela, pero mañana _____ a visitar a mis abuelos.

B. Completa las oraciones con el adjetivo demostrativo correspondiente.

Ejemplo: **<u>Este</u>** libro que tengo en la mano es mi favorito.

1. No me gusta _____ dibujo que estoy haciendo.

2. _____ computadora que está en la mesa del Sr. Rodríguez es nueva.

3. _____ pirámide que vimos desde la pirámide del Sol, es la pirámide de la Luna.

4. Por la ventana de la Aitimar podemos ver _____ pulpo que está nadando muy cerca de nosotros.

Los medios de comunicación

A. En cada columna del siguiente recuadro escribe una lista de los tres tipos de medios de comunicación que se mencionan en la lectura.

Comunicación sin palabras	Medios que hacen que las palabras viajen	Medios de comunicación masiva

B. Para pensar un poco. Hay cierto modo de comunicarse sin decir palabras que muchas personas lo usan porque no pueden oír ni hablar. ¿Sabes cuál es? Descríbelo y explica cómo funciona.

_____

_____

_____

_____

C. Escribe una oración para indicar para qué usas algunos de los medios de comunicación que se mencionan en la lectura.

Ejemplo: para ver mis programas favoritos
Para ver mis programas favoritos, yo miro la televisión.

1. para cruzar la calle

_____

2. para leer las últimas noticias

_____

3. para enviar mensajes escritos a mis amigos

_____

4. para escuchar las noticias en mi coche

_____

D. Encierra en un círculo el medio de comunicación más adecuado.

1. Si quieres estar en contacto con tus amigos en otras ciudades, pero quieres hablar necesitas (un teléfono, una computadora).

2. Si no tienes teléfono ni computadora, puedes comunicarte por (televisor, carta).

3. Si tienes, y te gusta usar tu computadora porque es muy rápida, puedes usar (el correo postal, el correo electrónico).

¿Qué aprendiste?

A. Busca en la sopa de letras las palabras que están al lado.

C	O	R	R	E	O	P	O	S	T	A	L
C	D	F	G	M	H	J	L	I	O	P	M
A	Z	A	F	A	X	Q	E	S	V	S	B
R	M	B	N	I	N	T	E	R	N	E	T
T	R	R	T	L	S	R	F	H	S	M	T
A	Q	A	Z	B	N	A	M	R	P	Á	E
S	S	C	R	V	P	D	T	S	I	F	L
P	E	R	I	Ó	D	I	C	O	P	O	E
S	Ñ	C	Z	I	P	O	S	T	G	R	V
T	A	R	J	E	T	A	V	G	E	O	I
F	S	G	O	H	J	N	O	A	S	D	S
Q	D	H	G	F	H	A	P	R	T	M	I
Z	E	T	E	L	É	F	O	N	O	N	Ó
C	O	M	U	N	I	C	A	R	S	Q	N

CARTAS

COMUNICAR

CORREO
POSTAL

EMAIL

FAX

GESTOS

INTERNET

PERIÓDICO

RADIO

SEMÁFORO

SEÑAS

TARJETA

TELÉFONO

TELEVISIÓN

B. Escribe una oración para decir adónde irás durante las vacaciones. Recuerda que debes usar la forma del verbo en futuro.

_____

C. Escribe el adjetivo demostrativo que corresponde a cada oración.

1. Si me refiero al cuaderno que tengo en la mano, uso _____.

2. Si me refiero a unas niñas que están lejos, uso _____.

Repasos

Unidad 1 Nos conocemos

A. Marca con un círculo el pronombre correcto.

1. Para hablar de mí mismo uso (yo, él).

2. Para hablar con una amiga uso (ella, tú).

3. Para hablar de mí y de mi familia uso (nosotros, ellos).

4. Para hablar de mis amigas uso (nosotras, ellas).

5. Para hablar de mi hermana uso (tú, ella).

6. Para hablarles a mis padres uso (ellos, ustedes).

7. Hola, soy Ana, y para hablar de mí y mis amigas uso (nosotros, nosotras).

8. Para hablar con la Sra. Ramírez uso (tú, usted).

B. Completa las oraciones con la forma correcta del verbo *ser.*

1. Tú _____eres_____ de México, ¿no?

2. Mis amigos _____ alumnos del Sr. Ayala.

3. La Sra. González _____ la maestra de inglés.

4. Yo _____ un estudiante muy aplicado.

5. Mi amigo Miguel _____ de Puerto Rico.

C. Escribe el artículo definido (*el*, *la*) e indefinido (*un*, *una*) que corresponde a cada palabra.

Definido	Indefinido	
el	un	compañero
_____	_____	puerta
_____	_____	clase
_____	_____	bandera
_____	_____	niño
_____	_____	libro
_____	_____	silla
_____	_____	pizarrón
_____	_____	maestra
_____	_____	reloj

Unidad 2 Estudiar y jugar

A. Escribe al lado de cada palabra si es un cognado o si es un cognado falso.

delicioso   _cognado_____

fantástico   _____

computadora _____

éxito   _____

elegante   _____

hospital   _____

tuna   _____

librería   _____

televisión   _____

hotel   _____

B. ¿Cómo se dice *library* en español? _____

C. Completa cada oración con la forma correcta del verbo que corresponde a cada dibujo.

1. Nancy ____ _patina_ ____ muy bien.

2. Yo _____ para el examen.

3. Nosotros _____ en la clase de arte.

4. Carla _____ al señor a cruzar la calle.

5. Ellos _____ en la piscina cuando hace calor.

6. Ustedes _____ en la escuela todos los días.

D. Completa las oraciones con la forma correcta del verbo *jugar*.

1. Mi hermano _____*juega*_____ en la computadora.

2. Yo _____ al béisbol.

3. Nosotros _____ al baloncesto en el patio de la escuela.

4. Y tú, ¿No _____ al fútbol?

Unidad 3 La familia

A. Escribe el total de cada operación matemática en palabras.

4 + 7 = <u> once   </u>

8 + 7 = _____

3 + 8 = _____

10 + 9 = _____

17 +14 = _____

26 - 4 = _____

18 - 1 = _____

B. Completa las oraciones con la forma correcta de los verbos *ser* o *estar*.

1. Mis padres <u> están </u> orgullosos de mí.

2. Antonio _____ mi amigo.

3. Yo _____ ocupado con mis tareas.

4. ¡Mamá! ¿Dónde _____ (tú)?

5. Yo _____ del estado de California.

6. Mi papá _____ en su trabajo.

7. ¡Hola, Sr. Carranza! ¿Cómo _____ usted?

8. En mi familia _____ nueve.

9. Mi hermana _____ cansada.

10. Mike y Lupe _____ vecinos.

C. Completa el siguiente árbol genealógico:

abuelo _____ _____ _____

_____ madre

_____ yo _____

Unidad 4 Los medios de transporte

A. Escribe el nombre de estos medios de transporte.

B. Escribe la forma plural de estas palabras.

1. Una casa   _____Unas casas_____

2. El helicóptero   _____Los helicópteros_____

3. Una lancha   _____

4. El abuelo   _____

5. Un carro   _____

6. La flor   _____

C. Completa estas oraciones para saber lo que van a hacer estas personas.

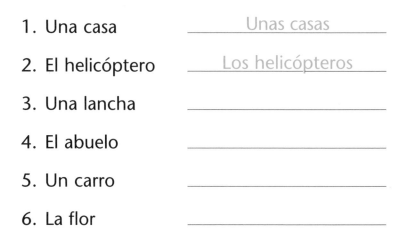

1. Los niños ____van a viajar____ en microbús.

2. Yo _____ en la piscina.

3. Helena _____ su tarea.

4. Tú _____ el piano.

D. Completa estas oraciones con la forma correcta del verbo ir.

1. Yo _____voy_____ a la escuela todos los días.

2. Mis padres _____ a la tienda.

3. Mi abuela _____ a una fiesta.

4. Tú _____ a tu casa.

5. Nosotros _____ a un restaurante.

Unidad 5 Tiempo y clima

A. Conecta las palabras con el dibujo que representan.

1. Invierno

2. Temperatura

3. Lluvia

4. Otoño

5. Un poco nublado

6. Verano

7. Primavera

B. Completa las oraciones con la forma correcta del verbo *tener.*

1. Está nevando y yo _____tengo_____ frío.

2. La temperatura está a 98 grados y nosotros _____ calor.

3. ¿Cuántos años _____ tú?

4. Mis padres _____ una casa muy bonita.

5. Sr. Gómez, ¿Cuántos alumnos _____ usted en su clase?

6. Elena _____ dos gatos y un perro.

C. Completa las siguientes oraciones con la fecha correspondiente.

Ejemplo: Mi cumpleaños es el **15 de julio**.

1. Hoy es _____ .

2. Ayer fue _____ .

3. Y mañana será _____ .

Unidad 6 Animales de ayer y hoy

pequeñas	alta	bonita	verde
peligroso	largo	afilados	cariñoso

A. Completa las oraciones con la palabra que le corresponde de la lista siguiente:

1. El tiburón es un animal muy ____peligroso____ .

2. Mi perrito tiene la cara _____ .

3. La jirafa tiene el cuello _____ .

4. El tiburón tiene los dientes _____ .

5. Las plumas de la perica son muy _____ .

6. La jirafa es muy _____ .

7. El color de la perica es _____ .

8. Mi perro es muy _____ .

B. Completa las siguientes oraciones con *r* o con *rr*.

La S_r_ta. Pé_r_ez participó en una ca_rre_ra.

E___e con e___e, ciga___a.

E___e con e___e, ba___il.

___ápido co___en los ca___os

Por los ___ieles del fe___oca___il.

C. Usa el adjetivo de la primera parte de la oración para completar la segunda parte. Recuerda cambiar el adjetivo de acuerdo al género y el número del nombre que modifica.

1. El tiburón es peligroso, pero los dinosaurios eran más ___peligrosos___ .

2. Mi gato no es muy cariñoso, pero mis dos perritas sí son

    _____ .

3. La jirafa tiene el cuello largo, y sus patas también son _____ .

4. Los niños están tristes, pero las niñas no están _____ .

5. Mi gatito es lindo, y mis tortugas también son _____ .

D. Escribe oraciones con las siguientes palabras:

1. Mi hermanita / segundo / está / grado / en

    Mi hermanita está en segundo grado.

2. inteligente / Mi / verde / es / perica

    _____

3. El tiburón / dientes / tiene / unos / afilados

    _____

4. la clase / En / veinte / hay / niños

    _____

5. el cuello / La jirafa / largo / tiene

    _____

Unidad 7 Un poco de historia mexicana

A. Escribe la pregunta correspondiente a cada respuesta.

1. ¿Cómo llegó la abuela a Teotihuacan?
   La abuela llega a Teotihuacan en autobús.

2. _____
   San Antonio está en el estado de Texas.

3. _____
   El próximo examen es el lunes.

4. _____
   La Aitimar es la nave en que viaja la clase del Sr. Gómez.

5. _____
   Estoy contento porque mis padres me van a dar un regalo.

6. _____
   Me llamo Manuel Contreras.

7. _____
   La Sra. Castro es la maestra de cuarto grado.

B. Completa las oraciones con la forma correcta del verbo en paréntesis.

1. Ricardo (querer) _____quiere_____ ir al parque pero no (poder) _____puede_____ porque tiene mucha tarea para mañana.

2. Mi hermana y yo no (querer) _____ ayudar a nuestros padres a limpiar la casa.

3. Mi hermana (querer) _____ viajar con la clase del Sr. Gómez,

   pero no (poder) _____ porque no es alumna de la clase.

4. —¿(Querer) [tú] _____ venir a mi casa el próximo sábado?

   —Lo siento, pero [yo] no (poder) _____ .

C. Escribe con palabras los números siguientes:

1845 _____Mil ochocientos cuarenta y cinco_____

1956 _____

1678 _____

1542 _____

2012 _____

1715 _____

Unidad 8 Música y folklore

A. Escribe el nombre de cada uno de los siguientes dibujos:

B. Completa las preguntas y respuestas con la forma correcta del verbo *comer.*

1. —¿Qué _____comes_____ tú en la mañana?

   —Yo siempre _____como_____ cereal.

2. —¿A qué hora _____ ustedes la cena?

   —Nosotros siempre _____ a las 7 de la noche.

3. —Y tus hermanos, ¿a qué hora _____ el almuerzo?

   —No estoy seguro, pero creo que mi hermana _____ a las doce del día.

C. Completa las oraciones con la forma del verbo en paréntesis.

1. En esta clase nosotros (aprender) _____aprendemos_____ sobre la cultura hispana.

2. En el patio de la escuela, los niños (correr) _____ durante el recreo.

3. La tienda de música (vender) _____ guitarras y tambores.

D. Escribe el plural de las siguientes palabras:

juguete _____juguetes_____

animal _____

tambor _____

cantante _____

violín _____

bailarín _____

Unidad 9 El sistema solar

A. Completa las oraciones con la palabra o frase correspondiente de la siguiente lista:

el más grande	el último	muy lejano
de noche	de día	el primero
tiene anillos		cercano

1. El planeta Marte está _____cercano_____ a la Tierra.

2. El planeta Neptuno está _____ de la Tierra.

3. El planeta Júpiter es _____ del sistema solar.

4. Saturno se distingue de los otros porque _____ .

5. Mercurio es _____ de los planetas.

6. Plutón es _____ de los planetas.

7. Si vemos las estrellas es _____ .

8. Si el cielo es azul es _____ .

B. Completa las oraciones con la palabra *tierra* o *Tierra*.

1. Aitimar fue un regalo del planeta Rueda al planeta _____ .

2. Vamos a preparar la _____ para sembrar las plantas.

C. Escribe comparaciones con *más... que* o *menos... que,* usando los siguientes adjetivos.

alta	grande	rápida	nuevo

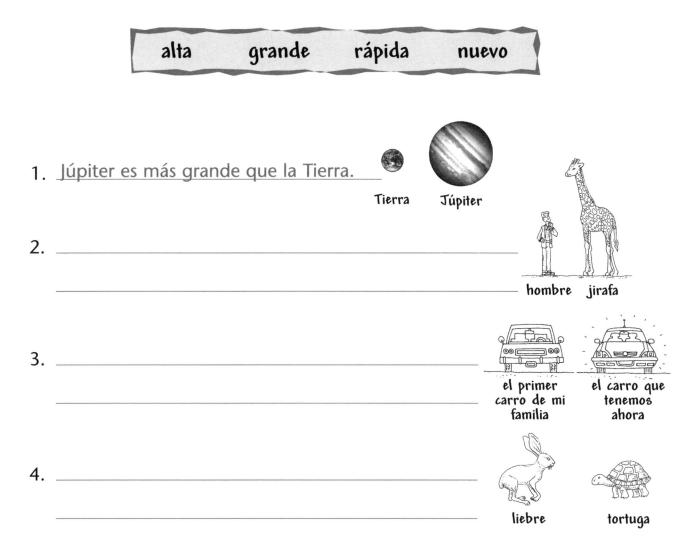

1. Júpiter es más grande que la Tierra.

Tierra   Júpiter

2. _____

_____

hombre   jirafa

3. _____

_____

el primer   el carro que
carro de mi   tenemos
familia   ahora

4. _____

_____

liebre   tortuga

D. Contesta las siguientes preguntas:

1. ¿Quién trabaja más, tu papá o tu mamá?

_____

2. ¿En qué clase tienes más trabajo, en español o en matemáticas?

_____

Unidad 10 Animales marinos

A. Escribe el nombre de los siguientes dibujos:

_____

_____

_____

_____

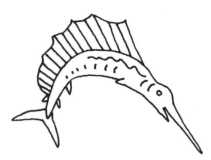

_____

_____

B. Contesta las siguientes preguntas:

1. ¿En qué estado vives tú?

   Yo _____.

2. ¿Dónde viven los peces?

   Los peces _____.

3. ¿Viven ustedes en una casa o un apartamento?

   Nosotros _____.

4. ¿Dónde vive tu abuelo?

   Mi abuelo _____.

C. Usa la construcción *estar* + gerundio para indicar que hoy no está pasando lo que siempre pasa.

1. Siempre hace sol en mi ciudad, pero hoy....
   Siempre hace sol en mi ciudad, pero hoy no está haciendo sol.

2. A ellos les gusta nadar por las tardes, pero hoy...

   _____

3. Yo nunca hago la tarea después de la cena, pero hoy...

   _____

   _____

4. Mi mamá trabaja todos los días, pero hoy...

   _____

5. Tú siempre estudias mucho, pero hoy...

   _____

Unidad 11 En España

A. Escribe una oración describiendo los siguientes hábitos personales de Juan Carlos.

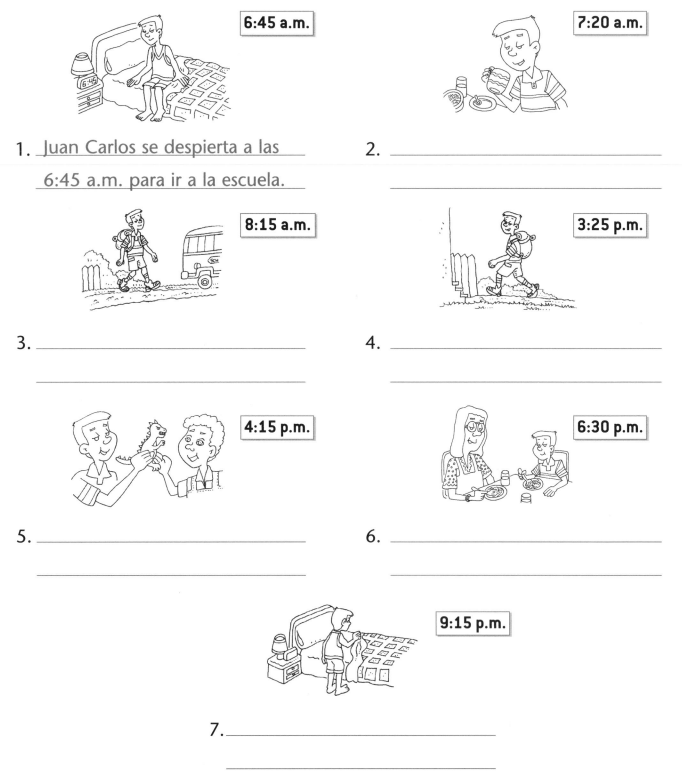

1. Juan Carlos se despierta a las 6:45 a.m. para ir a la escuela.

2. _____

3. _____

4. _____

5. _____

6. _____

7. _____

B. Contesta las siguientes preguntas:

1. ¿A qué hora te acuestas cuando tienes que ir a la escuela?

   _____

2. ¿A qué hora se acuestan las personas de tu casa el sábado?

   _____

3. ¿A qué hora se levanta tu papá los domingos?

   _____

4. ¿A qué hora te levantas los días de escuela?

   _____

5. ¿A qué hora te bañas?

   _____

6. ¿Cuándo te lavas las manos?

   _____

C. Identifica los verbos y explica sus significados en estas oraciones:

Voy a la escuela cinco días por semana.

Me voy a la escuela a las ocho de la mañana.

_____

_____

_____

Unidad 12 De excursión por Texas

A. Completa las oraciones:

1. En México dicen naranja, pero los puertorriqueños

   dicen _____china_____.

2. En Nicaragua decimos maní, pero los mexicanos dicen

   _____.

3. Los colombianos dicen anteojos, pero los españoles dicen

   _____.

4. Los españoles dicen _____, pero yo digo suéter.

5. Los pantalones vaqueros son conocidos como _____ en
   Puerto Rico.

6. Muchos decimos fresas pero los argentinos dicen _____.

7. Lo mismo ocurre con el tomate en México donde le dicen

   _____.

8. A la papa, los españoles la conocen como _____.

9. En Guatemala dicen playera, pero yo digo _____.

10. Las sandalias son _____ en México.

B. Marca con un círculo los errores en las siguientes oraciones. Luego escribe la forma correcta.

1. Mañana vamos (a el) museo de historia.

   Mañana vamos al museo de historia.

2. En la clase de el Sr. Gómez aprendemos mucho.

   _____

3. Cuando regresan de el viaje a España, los niños comparten sus experiencias.

   _____

   _____

4. Unos niños fueron a el Centro Espacial de Houston.

   _____

5. En Arecibo está el radiotelescopio más grande de el mundo.

   _____

C. Cambia las oraciones al pasado.

1. Yo hablo con unos amigos en Texas.

   Yo hablé con unos amigos en Texas.

2. Durante nuestro viaje nosotros vamos al fondo del mar.

   _____

3. Mike no va al mar por temor a los tiburones.

   _____

4. Mi padre pesca un gran pez vela.

   _____

Unidad 13 Historia de España en Estados Unidos

A. Escribe lo contrario de lo que dicen estas oraciones.

1. Siempre me levanto temprano.

   Nunca me levanto temprano.

2. Alguien vino a mi casa ayer.

   _____

3. Todos los carros son viejos.

   _____

4. Vamos a tomar un examen.

   _____

5. Hay algo para cenar.

   _____

6. No hay galletas en la cocina.

   _____

7. Nadie comió la cena.

   _____

8. Ninguno asistió a clase.

   _____

B. Completa las oraciones con la forma pasada del verbo en paréntesis.

— ¿Qué (comer) ___comiste___ tú anoche?

— Yo no (comer) _____ mucho, pero (beber) _____ un gran vaso de leche.

— ¿Tú (ver) _____ a Jorge esta mañana?

— No, no lo (ver) _____. ¿Por qué me preguntas?

— Porque él (estar) _____ aquí, y (preguntar) _____ por ti.

— Lo siento, pero yo (estar) _____ ocupado entre las 8 y las 10.

Algunos niños no (escribir) _____ sus composiciones, pero yo

sí la (escribir) _____.

Mis compañeros (correr) _____ mucho durante el partido de

fútbol, pero yo no (correr) _____ porque soy el portero.

C. Escribe el adjetivo posesivo correspondiente.

1. Yo tengo un libro en la mochila. Es ___mi___ libro.

2. La casa que tenemos es bonita. Estamos muy contentos con

_____ casa.

3. ¿Es éste el carro del Sr. Martínez? Sí, es _____ carro.

D. ¿Cómo se dice?

1. Los libros de María.   ___Sus libros___

2. Los maestros de nosotros.   _____

3. Los hijos de mis tíos.   _____

Unidad 14 Cocinamos

A. Escribe el nombre de cada uno de los siguientes alimentos:

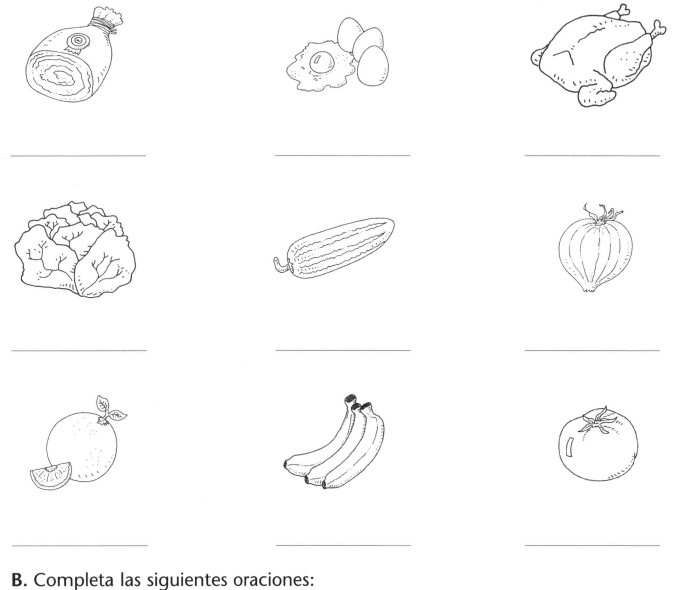

_____   _____   _____

_____   _____   _____

_____   _____   _____

B. Completa las siguientes oraciones:

1. Antes de hacer la ensalada es necesario _____ la lechuga con agua fresca.

2. Antes de cocinar la carne vamos a _____ la cebolla en trocitos pequeños.

C. Completa las oraciones con la forma del pasado del verbo en paréntesis.

1. —El año pasado, mis padres (hacer) _____ un viaje a España.

   —¿Sí? Pues nosotros (hacer) _____ un viaje a Puerto Rico.

2. —¿(Hacer) _____ tú la tarea para hoy?

   —Sí, yo (hacer) _____ la tarea, pero mi mamá (tener)

   _____ que ayudarme.

3. —¿Y tu hermano?

   —Creo que él no (hacer) _____ nada.

4. —¿Trabajaron tus padres ayer?

   —Sí, ellos (tener) _____ que trabajar todo el día.

D. Completa las siguientes comparaciones:

1. Un viaje a México es _____tan_____ interesante _____como_____ un
   viaje a Guatemala.

2. Yo tengo _____ amigos _____ mi hermana.

3. Carla escribió _____ composiciones _____ yo.

4. Mis padres trabajan _____ mis tíos.

5. La comida que prepara mi papá es _____ buena

   _____ la que prepara mi mamá.

Unidad 15 Vacaciones por llegar

A. Escribe los nombres correspondientes en los espacios en blanco. Luego numera las características de ellos de acuerdo a su uso en la columna derecha.

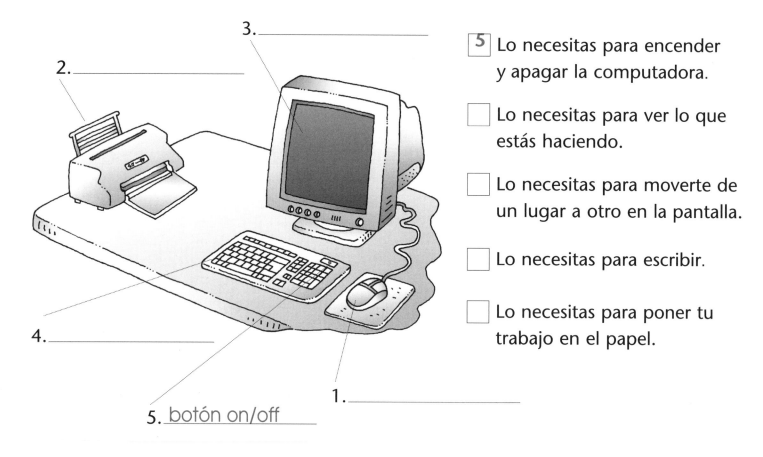

3. _____

2. _____

4. _____

5. botón on/off

1. _____

[5] Lo necesitas para encender y apagar la computadora.

[ ] Lo necesitas para ver lo que estás haciendo.

[ ] Lo necesitas para moverte de un lugar a otro en la pantalla.

[ ] Lo necesitas para escribir.

[ ] Lo necesitas para poner tu trabajo en el papel.

B. Corrige los errores de ortografía.

1. Un nombre conpuesto se conpone de dos nombres.

   Un nombre compuesto se compone de dos nombres.

2. La Panpa argentina es un canpo enorme.

   _____

3. La lánpara está en la ranpa.

   _____

C. Usa las formas del futuro de los verbos para reemplazar las construcciones *ir a* + verbo en las siguientes oraciones:

1. Hoy vamos a estudiar los adjetivos.

   Hoy estudiaremos los adjetivos.

2. Mañana vas a visitar a tus tíos en Madrid.

   _____

3. El próximo verano vamos a hacer un viaje a Puerto Rico.

   _____

4. Durante las vacaciones voy a llamar a mis amigos por teléfono.

   _____

D. Escribe el adjetivo demostrativo correspondiente en las líneas indicadas.

1. Mira _____ vista de la tarjeta postal.

2. ¿Cómo se llama _____ animal?

3. Tengo que acomodar

   _____ libros

4. _____ niños son mis alumnos.